/ **100** 位

为新中国成立作出突出贡献的英雄模范人物/

李 林

马秀琴/编著

★

吉林出版集团 | 吉林文史出版社

图书在版编目（CIP）数据

李林 / 马秀琴编著. -- 长春：吉林文史出版社，
2011.4（2024.5重印）
（100位为新中国成立作出突出贡献的英雄模范人物）
ISBN 978-7-5472-0545-7

Ⅰ.①李… Ⅱ.①马… Ⅲ.①李林（1916～1940）—
生平事迹 Ⅳ.①K827=6

中国版本图书馆CIP数据核字(2011)第050718号

李 林

LILIN

编著/ 马秀琴

选题策划/ 王尔立　责任编辑/ 王尔立

装帧设计/ 韩璘

出版发行/ 吉林文史出版社

地址/ 长春市福祉大路5788号　邮编/ 130118

电话/ 0431-81629363　传真/ 0431-86037589

印刷/ 天津海德伟业印务有限公司

版次/ 2011年4月第1版 2024年5月第7次印刷

开本/ 640mm×920mm　1/16

印张/ 9　字数/ 100千

书号/ ISBN 978-7-5472-0545-7

定价/ 29.80元

100位

为新中国成立作出突出贡献的英雄模范人物

八女投江	于化虎	小叶丹	马本斋	马立训	方志敏
毛泽民	毛泽覃	王尔琢	王尽美	王克勤	王若飞
邓萍	邓中夏	邓恩铭	韦拔群	冯平	卢德铭
叶挺	叶成焕	左权	诺尔曼·白求恩		任常伦
关向应	刘老庄连	刘伯坚	刘志丹	刘胡兰	吉鸿昌
向警予	寻淮洲	戎冠秀	朱瑞	江上青	江竹筠
许继慎	阮啸仙	何叔衡	佟麟阁	吴运铎	吴焕先
张太雷	张自忠	张学良	张思德	旷继勋	李白
李林	李大钊	李公朴	李兆麟	李硕勋	杨殷
杨子荣	杨开慧	杨虎城	杨靖宇	杨闇公	萧楚女
苏兆征	邹韬奋	陈延年	陈树湘	陈嘉庚	陈潭秋
冼星海	周文雍、陈铁军夫妇		周逸群	明德英	林祥谦
罗亦农	罗忠毅	罗炳辉	郑律成	恽代英	段德昌
贺英	赵一曼	赵世炎	赵尚志	赵博生	赵登禹
闻一多	埃德加·斯诺		夏明翰	格里戈里·库里申科	
狼牙山五壮士		聂耳	郭俊卿	钱壮飞	黄公略
彭湃	彭雪枫	董存瑞	董振堂	谢子长	鲁迅
蔡和森	戴安澜	瞿秋白			

前 言

　　每个人的心中都多少有一点英雄情结，都向往英雄、景仰英雄。也正因此，在中华人民共和国建国六十周年之际，由中央十一部委联合组织开展的"100位为新中国成立作出突出贡献的英雄模范人物和100位新中国成立以来感动中国人物"的评选活动中，群众参与投票总数近一亿。这其中的每一张选票，都表达了人们对英雄模范的崇敬之情，寄托着对伟大祖国的美好祝福。

　　一个民族不能没有英雄，否则这个民族就不会强大。当国家危难之时，懦弱者选择了逃避、妥协甚至投降，英雄们却挺身而出，用热血捍卫民族的尊严，人民的幸福。在创立和建设新中国的伟大历程中，涌现出无数可歌可泣的英雄模范人物。他们之中，有为了民族独立和人民解放而英勇牺牲的革命先烈，有为了党和人民的事业而不懈奋斗的优秀共产党员，有在全民族抗战中顽强奋战、为国捐躯的爱国将士，有英勇杀敌的战斗英雄和革命群众，有积极从事进步活动的著名民主爱国人士和国际友人……他们是民族的脊梁、祖国的骄傲，是激励全体人民团结奋斗的精神力量。

　　《100位为新中国成立作出突出贡献的英雄模范人物传记》丛书，就像一部星光璀璨的英雄谱，真实、完整地记录了英雄模范人物不平凡的一生，再现了他们非凡的人格魅力和精神世界。"头颅可断腹可剖"的铁血将军杨靖宇，"毫不利己，专门利人"的白求恩，"抗战军人之魂"张自忠，"砍头不要紧"的夏明翰，"俯首甘为孺子牛"的文化斗士鲁迅……一串串闪光的名字，一个个动人的故事，犹如群星闪烁，光耀中华。

　　如今，战火已熄，硝烟已散，英雄已逝，我们沐浴在和平的幸福之中。在和平年代，人们不会忘记为今日的和平浴血奋战的英雄们，英雄的故事永远不会结束。让我们用英雄的故事唤醒我们心中的激情，为中华民族的伟大复兴而奋斗。

生平简介

李林（1916-1940），女，汉族，福建省尤溪县人，中共党员。

李林幼年侨居印度尼西亚。1929年回国后，积极参加抗日救亡运动。1936年，考入北平民国大学。同年加入中国共产党。随即赴太原参加山西牺牲救国同盟会举办的国民师范学校军政训练班，任特委宣传委员兼女子第十一连党支部书记。1937年抗日战争爆发后，坚决要求到前方杀敌，被派到大同，任牺盟会大同中心区委宣传部部长，后随晋绥边区工作委员会到雁北抗日前线，宣传和组织工人、农民、学生参加抗日武装。11月，任雁北抗日游击队第八支队支队长兼政治主任。1938年春，改任整编后的独立支队骑兵营教导员，率部驰骋雁北、绥南与日伪军作战，屡建战功。同年7月，牺盟会晋绥边工委成立，调任边委会宣传委员兼管边区地方武装。后当选为晋绥边区第十一行政专员公署委员。1940年4月，日伪军集中1.2万兵力，对晋绥边区进行"扫荡"。晋绥边区特委、第十一行政专员公署机关和群众团体等五百余人被包围。为掩护机关和群众突围，她不顾怀有三个月的身孕，率骑兵连勇猛冲杀，将日伪军引开，自己却被围困。26日，在身负重伤后，仍英勇抗击，毙伤日伪军六人。被日伪军包围后，她宁死不屈，将最后一发子弹射向自己，壮烈牺牲，年仅24岁。

1916-1940

[LILIN]

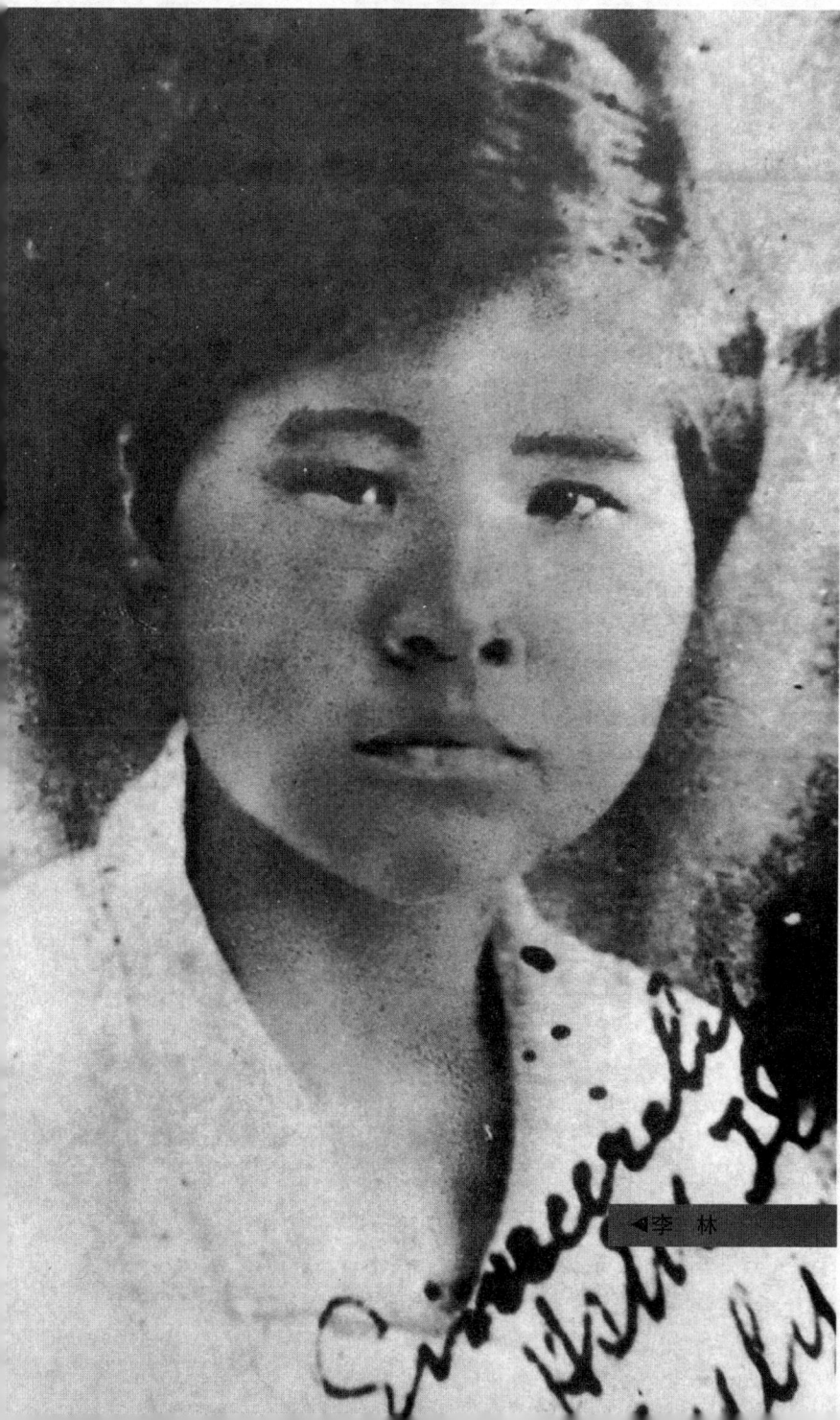
◀李 林

目录 MULU

为了悍卫正义(代序)

常言道:自古英雄多磨难,从来纨绔少伟男。此话也不尽然。

李林,一个富裕侨商的女儿,完全可以避开那场残酷的战争,去享受锦衣玉食的舒适生活。然而,在祖国面临危难之际,在苦难的祖国最需要她的时刻,她义无反顾地选择了做一名战士,投入到轰轰烈烈的抗日救亡的革命中,她要还父老乡亲一个民主自由,还祖国一个太平。

她勇敢刚毅,百折不挠,被誉为"现代花木兰"、"穆桂英再世"。

她在读书时代就确定了自己光辉的革命理想:为中华民族的前途而奋勇作战。为了理想,在敌人的淫威面前,她毫不退缩,勇往直前,她要用自己的鲜血让手中的红旗更红、更醒目。

她时刻不忘记,人民在战争中的巨大力量,每到一处,她利用一切时机,在百姓中加紧宣传抗日救国的道理,以唤醒民众觉醒,壮大抗日力量。

山区恶劣的生活条件没有让这个富家之女产生畏难情绪,她同士兵一样,没有袜子穿,就赤着脚在大山区里和敌人打仗,脚趾磨出血,她一声不吭;没有粮食吃,她忍着饥饿镇定指挥,还要给部队官兵打气,鼓舞大家的斗志。

她疾恶如仇，面对一切有损人民利益和党的利益的现象，她决不妥协，进行坚决的斗争。敌人的威胁利诱，吓不倒她，她置个人的生死于度外，时时刻刻把党的利益放在第一位。

　　她自动放弃了在后方工作的机会，她从不因为自己是女同志而要求领导照顾，她主动申请到前线去打鬼子，她骑上"菊花青"（李林的坐骑），冒着炮火，奋勇冲杀，她的英名令敌人心惊胆寒。

　　她让自己的青春，在战火中进行了最壮丽的洗礼!

游子生活

(1916—1930)

➡ 侨商之女

★★★★★

（0-14 岁）

在今天山西平鲁县烈士陵园，矗立着这样一座雕像：一位南国女子，梳齐耳短发，跃马提枪，飒爽英姿。仔细端详烈士的面容，她看起来是那么年轻，脸色刚毅，眉眼间透着一股英气。

她是谁？她为什么来到北方？她是怎样一位女英雄？

我们翻开历史的长卷，在历史的天空中，去追寻那在抗日战争年代，闪烁着的耀眼明星。她就是著名的抗日民族女英雄、印尼归侨李林烈士。

李林，原名李秀若，福建尤溪县人，1916 年出生，因为李林的父亲在荷属（印度尼西亚）的爪哇经商，李林4岁的时候，就随母亲远渡重洋，来到了爪哇。因此，小时候的李林学会了说马来话。

爪哇当时是荷兰的殖民地，荷兰人对当地爪哇人进行专制的统治和残酷的压迫，当地的华人在那里也很不自由。李林幼小的心灵里深刻体会到了，在殖民统治下，人与人之间的不平等、受压制和不自由。

李林和其他生在热带国土上的孩子一样，从小就学会了游泳，她经常和小伙伴到水中去度过炎热的时光。她非常羡慕那些能到漂亮的游泳池里自由自在戏水的孩子们，但因她是黄种人而被拒之门外，她想不通。慢慢地，她发现好多地方，华人和当地人是不能入内的，这种民族歧视在她幼小的心里留下了深刻的烙印。

李林到爪哇后不久，父母就把她送进了一所华侨小学。在荷兰殖民者的统治下，印尼文化濒于危境，学校少得可怜，而且只能教荷兰文。在华侨居住比较集中的地方，都有华侨学校。李林的启蒙老师，名叫方寅，是一位爱国华侨，他常常巧妙地避开荷兰人的检查，给学生们讲自己的祖国山河，讲中国的历史。一次，方先生正讲得投入，一个荷兰殖民者突然闯进来，他一把撕掉中国地图，用力踏在脚下，然后凶神恶煞地威胁方先生，不要讲中国，要讲荷兰的文明、荷兰的发达。

方先生气得脸都白了，他不卑不亢地质问那个荷兰人："你有什么权利干涉我们讲课？我们是中国人，为什么不能讲中国？"

荷兰人发出一声轻蔑的冷笑，阴阳怪气地说："哦，你们是中国人？这是多么值得自豪啊！"然后，又是几声嘲笑。

刺耳的笑声刺痛着李林，她的小脸涨得通红，站起来大声喊道："笑什么？中国人又怎么样？中国，比你们荷兰大二十倍！"

荷兰人阴沉地打量着这个竟敢顶撞他的小姑娘，朝方先生歪着脑袋："老东西，告诉这个小家伙，你们的国家已经一败涂地了，你们华人是东亚病夫、劣等民族，只有我们高贵的荷兰人，才配当世界的主人！"说完，扬长而去。

方先生气得浑身发抖。李林从座位上走过去，拾起中国地图，用小手绢仔细地擦掉上面的鞋印，双手捧到方先生面前。方先生接过地图，抚摸着李林的头，语重心长地说："孩子，快快长大吧，长大了，回国去，为振兴祖国尽力。"

李林抿起嘴唇，使劲点了点头。

祖国贫弱，侨民在外面的日子也不好过。李林明白：国强我才能强。也许在那个时候，反抗的火种已不知不觉地播撒在她不屈服的心灵土壤里。

她常常站在海滩上，凝望着东方，期待着早一天回到祖国母亲的怀抱。

爱国学生

(1930—1936)

→ 集美女生

（14—17岁）

1930年春天，李林已经14岁了，在母亲的陪伴下，她登上了远航的海轮，返回她日思夜想的祖国。在甲板上，她眺望着越来越近的祖国，心里非常激动。

这天傍晚，李林乘坐的轮船驶进了厦门港，她和母亲转乘小汽轮回到了集美镇。

集美镇位于厦门市北部，是爱国华侨陈嘉庚先生的故乡，是著名的侨乡，人物风流，风光绮丽。集美镇及与之隔海相望的厦门岛鼓浪屿，就像一座大花园，有集天下之美之称！当时散居在世界各地的一部分爱国华侨，为了实现祖国的富强，纷纷从各地捐款捐物，在家乡办教育、办企业，以图"教育救国"，"实业救国"。

回国半年后，李林考进了陈嘉庚先生创办

△ 李林就读的集美中学现址

的集美中学，开始了中学生生活。这一段生活，李林后来回忆起来还觉得十分惬意，称之为"黄金时代"。

刚刚回到故土的李林，完全陶醉在祖国美丽的山河中，她的生活圈子几乎仅限于校园。校园里安静的氛围，集美镇美丽的风光，暂时掩盖了现实社会的重重危机。另外，她虽不是富商家庭的千金小姐，但也过着衣食无忧的日子，与那些在海滩上靠捡鱼虾活命的人毕竟不同，她还不了解这个社会。人们常见这个活泼的姑娘捧着屠格涅夫的小说，沉醉于自己的文学梦中。

1931 年，爆发了九·一八事变，这一天是让所有中国人都要铭记的耻辱日，日本侵略者走上了全面侵华的道路。亡国的乌云覆盖在人们的头上。每一个有良知的中国人都感受到了面前的危机，也感受到了肩上的责任。

消息传来，集美中学出现了慌乱和骚动。李林听到消息简直惊呆了，她不由得想起了母亲给她讲过的荷兰殖民者残杀印尼华侨的真实历史故事。

历史的悲剧难道还会在华人身上重演吗？

→ 确定人生方向

★★★★★

（17—19岁）

1933年秋天，李林转学到了上海爱国女校。在上海，她才了解了真实的现实社会。

上海，是当时中国最繁华的地方，也是聚集社会各个阶层的重要的大都会。在那里，你可以看到洋房大厦，也可以看到烂污狭窄的小土房；可以看到许多穿着西装、绸缎长袍在马路上大摇大摆的银行经理或某公司的老板；也可以看到衣不蔽体、赤着脚在角落里战栗的穷人；可以看到富人们逍遥自在坐着汽车在柏油马路上兜风；也可以看到汗流满面的黄包车夫，为了挣几个钱，忍受着那些坐车人的打骂，在风里雨里拼命地奔跑……所有这一切不平等的现象，都让爱思考的李林倍感困惑："为什么都是一样的人，却过着不同的生活？"

残酷的现实，彻底击碎了李林的理想王国，也打碎了她的文学梦。原来活泼的姑娘变得沉默了，她在思考这个复杂的社会，她在思考着自己该选择一个什么样的道路，她应该做一个什么样的人。

李林丢掉了屠格涅夫的小说，开始看中外历史人物的传记。对于鲁迅和高尔基的著作，更是爱不释手。学校的图书馆不能满足她，她又走出校门，成了"生活杂志"公司的常客。

每个周末，书店的伙计都能看到这个剪着齐耳短发，穿一件蓝布旗袍的朴素的女学生。她抓到一本进步书籍，就一口气看下去，一站就是一两个小时，连姿势都不改一下，好像忘记了世界上的一切。每次关门，都要催她，她才恋恋不舍地离去。李林好学的劲头也赢得了店员的尊重，他们常常把最新到的进步刊物，如《读书生活》《世界知识》、《大众生活》等，悄悄拿过来，放到她的手边。

《读书生活》等刊物，都是受中国共产党的影响，积极倾向革命的进步杂志。不仅进行抗日宣传，还介绍先进的人生观和一些马列主义著作。在那个时代，很多青年正是通过这些进步刊物，找到了马列主义，找到了正确的生活道路。李林就是其中之一。

就在李林热烈追求生活真理期间，日本帝国主义加快了侵华的步伐，形势变得越来越让国人不能忍受了。

1935 年夏天，由于国民党的卖国政策，日本海军陆战队驻扎在距爱国女校往北 10 里的地方，在中国的国土上架起了铁丝网，日寇的枪口虎视眈眈地对着上海。

爱国女校的师生切实感觉到了战火已经离她们越来越近了，战争的硝烟已经向中华大地弥漫开来，学校教学经常被迫中断。

一次国文课上，同学们刚把书本打开，突然从日本兵营里传来刺耳的枪声，国文老师合上书本，痛苦地看着同学们，教室里突然陷入了死一样的沉寂，同学们脸上的表情都非常沉重。那每声枪响都在同学们心上画上一笔耻辱的记号。

忽然，教员抓起粉笔，转身在黑板上写下了几行诗：

国破山河在，城春草木深。

感时花溅泪，恨别鸟惊心。

李林一动不动地坐在那里，她看着这感人的诗句，热血在她的心头翻滚，她想起鲁迅先生《记念刘和珍君》文章中这样写道：

沉默啊，沉默啊！不在沉默中爆发，就在沉默中灭亡……苟活者在淡红的血色中，会依稀看见微茫的希望；真的猛士，将更奋然而前行。

下课了，在空荡荡的教室里，李林挥笔疾书，一口气写下了《读〈木兰辞〉有感》这篇檄文，表达了自己"甘愿征战血染衣，不平

▷ 李林就读的
上海爱国女校

倭寇誓不休"的抱负。

文章呈送到国文先生的面前。这篇文章令老师眼前一亮，他内心十分钦佩李林远大的革命抱负和高尚的爱国情怀，他破例给这篇文章打了"105 分"！

李林的决心不光是写在纸上，除了发奋读书外，她坚持强身健体，她心里明白：文弱书生是不能上前线的。

在学生会里，李林认识了比她高一年级的学生胡文新，胡文新是从事地下革命活动的进步学生。胡文新经常拿一些进步刊物和书籍给她看，启发李林的思想觉悟。胡文新从社联拿来中共中央为呼吁全国同胞奋起抗战而发表的《八一宣言》，李林如饥似渴地读着。李林被文中精辟的分析、有力的号召所鼓舞。她懂得了在这片广大的国土上，还有数不清的仁人志士在为中华的前途而奋战，她决心加入这一行列，为国、为民，死而无怨。

胡文新还引导李林参加一些初步的革命活动。

在校内组织了"妇女问题研究会"和"时局问题研究会"。她们讨论人生、社会，从自然科学到社会科学、从妇女缠足到将来的解放，天南海北无所不议，李林在这样有益的活动中不断地成熟起来。

就在伟大的一 二·九学生运动前夕，李林开始了她有意义的人生。她总结这段生活时说："我，开始确定了我应该走的方向。"

在中国共产党进步刊物指引下，在中国共产党光辉思想的照耀下，在她自己积极努力下，李林在那个混乱的战争年代，找到了正确的人生之路。

$\longrightarrow$ 组织请愿

★★★★★

（19岁）

1935年12月9日，北平爆发了轰轰烈烈的抗日救亡学生运动。全国各地的学生团体积极响应。上海爱国女校的姑娘们，也汇入这时代的洪流。

爱国女校的学生会为此召开了全体会议，全校学生都期待着他们拿出一个振奋人心的决议，使校名变得名副其实。

委员贾维英首先给大家念了一遍从北平、清华等十个学校联合发表的《抗日宣言》：

莫都以来（指国民政府），青年之遭杀戮者，报纸记载至三十万人之多，而失踪监禁者更不可胜数。杀之不快，更施以活埋；禁之不足，复虽以毒刑。地狱现形，人间何世……

然而身为学生会主席的施志君居然不赞成请愿，还说什么学生要以读书为本分，凡事不宜操之过急，先看看再说。

贾维英一听这话，就跳起来了，大声说道："看什么？还没看够？北平的同学在流血，形势已万分危急了！……"会场顿时一片混乱，大家说什么的都有。

宣传委员李林坐在一边，半天没有做声。这不是她不着急，更不是无动于衷，而是她一贯就是这种脾气：不喜欢讲空话，说废话。要说，就是一锤子一个坑。说得实用，有价值。

别看她不做声，但会上的形势，却看得一清二楚，委员们吵了半天，没抓住要领；施志君呢，又存心拖延。这样下去，会议就会议而不决，不了了之。

她深思熟虑后，站了起来：

"我提议，立即动员全体同学，上街。像北平同学一样，向政府请愿，向日本帝国主义示威。"

这句话一下子说到点子上了，委员们绝大多数都站在李林一边，施志君一看大势所趋，也只好随同大家一起举了手。

12月19日，上海市全体学生罢课，大请愿开始了。

凌晨，天空刚吐出鱼肚白，李林她们早已整装待发。她们隐约听到了口号声，便一起涌向校门。可到了校门口，才发现大门紧锁，大家挤在门口，急得不得了。这时，只见勇敢的李林二话不说，挤到铁门跟前，一把抓住铁栅栏，敏捷地登上栅栏顶，"噌"地跳了出去。同学们都学她的样子，一个接一个跳了出去。

请愿的队伍像汹涌的洪流，向国民党上海市政府涌去。沿路所经学校，纷纷加入，队伍像滚雪球一样，越来越庞大。

国民党当局气急败坏，立即伸出魔爪，妄想扑灭这革命之火。

市政府大楼前，站着一排排军警，荷枪实弹，如临大敌。在他们前面，就是一万多名赤手空拳的请愿学生。十几个钟头过去了，市政府的要人还是不肯出来接见大家。

李林虽然整整十几个钟头水米未进，又饿又冷，但她仍然挥动着一面小三角旗，领着大家喊口号。

偏偏这时候，很多学校的领导居然带着水和食物过来慰问来了。爱国女校的训导主任也来了，她一边给同学们发食品，一边告诉大家学校派车接她们回去休息。

李林皱起了眉头："奇怪，偏偏在这个时候？"李林脑子一转，觉得这里面一定大有文章，她走上前去，站在训导主任面前：

"主任，你刚才说是校长派你来的吗？"

"是，当然是了。校长爱生如子……"

"请问，校长又是受了谁的命令？"

宋主任的脸一下子变了："我不懂你的意思。"

"别装糊涂了！"李林气愤地跨前一步，转身对周围的同学大声说："同学们，市长躲着不出来，让我们在冷风里饿了十几个小时，政府抗日的诚意到底有多少？已经很明显。偏偏这个时候，各校当局一致行动，给我们送来了面包，接我们回学校。这一硬一软，穿的是连裆裤！同学们，我们不能上当啊！"

同学们一听，一片哗然。大家一起高喊："不回去！坚决不回去！"

李林见此情景，立即领头高呼口号：

"抗日无罪！"

"打倒日本帝国主义！"

"打倒汉奸卖国贼！"

在一万多请愿学生的强大压力下，国民党市长吴铁城终于硬着头皮出来了。他迫不得已，当众许下了"绝对保护上海爱国学生运动和言论集会自由"的诺言。

学生队伍重新涌上市区，开始了示威游行。

李林与贾维英、胡文新手挽手，走在队伍当中。

沿途外国巡捕和警察，无可奈何地退到了路旁。小贩、行人默默地向队伍挥手致意。

李林激动地说："文新、维英，今天我才懂得，团结起来的力量大无比，任何人也不能阻挡。"

通过这次请愿游行，使李林明白了那些反动派并不可怕，只要大家团结起来，拧成一股绳，革命是有希望的。

→ 宣传抗日

★★★★★

（19岁）

游行请愿之后，李林和同学们一道走回学校。但在校门口却看到一张令人气愤的布告。

原来校长听了训导主任的报告后，大为不满，认为李林的行为实为越轨。为了惩罚这个"害群之马"，他命令将李林开除出学生会。

李林对这张布告付之一笑。她对胡文新说，

这下更好，不用顾及什么了，可以甩开膀子干了。胡文新建议她搬出校园。李林愉快地接受了这个建议，她和贾维英一起，在附近纱厂的工人住宅区里，租了一间亭子间。

在那里，她目睹了纱厂女工悲惨的生活境况。她认识到这个社会太黑暗了，受奴役的人迟早要起来革命，掀翻这吃人的旧社会。

她总想为这些女工做些什么。她深入她们中间，和她们交朋友。

不久，在一间板房里，出现了一所"女工夜校"。李林想通过这个夜校，唤醒工友，使她们觉悟起来，看到自己的力量，投入到革命中去。

夜校里所有的一切都靠李林和同学们自己想办法解决。她们要自集资金，自备"校舍"，自编课本，而且还要登门动员"学生"上学。李林每天都忙得团团转，她的热情、淳朴、办事的实在和可靠，赢得女工的爱戴。同学们也给予她"实干家"的美誉。

暑期里，李林参加了市学联组织的"暑假抗日宣传队"。利用假期停课时间，到农村进行抗日宣传活动，走与民众结合的道路。

李林和同学们满腔热情地背起背包，唱着抗日救亡的歌曲，行进在沪杭公路上。他们遇城进城，遇村进村，在街头上刷写标语，向群众分发传单，发表演讲，启发民众的觉悟，号召大家一致对外抗日。

一天晚上，她们一行人来到一个县城，在县城的戏院演抗日剧目。人们涌向戏院，都来争看上海学生演别开生面的抗日戏。

李林和一个同学正在门口招呼群众入场。这时，戏院门口忽然出现了一些不三不四的人。领头的家伙屁股上吊着手枪，叼着香烟，踏上戏院的台阶。

"特务！"贾维英挤过来，附在李林耳边急促地耳语道。

"不理他。我们宣传抗日，看他能把我们怎么样？"

这时，一群特务上来了，拦住了要进戏院的群众。

"让开！让开！都给我滚开！谁再待在这里，莫怪老子不客气！"特务们开始捣乱了。他们上来打群众。

宣传队的同学们很气愤，围上来和特务评理。李林走到一个特务面前，厉声责问：

"你们是什么人？为什么不让演爱国戏？为什么殴打群众？"

"不为什么。诸位下午的宣传，有碍邦交，危害民国，特奉上峰命令，请诸位回上海。"特务头子斜着眼睛，装腔作势地说道。

"什么叫'有碍邦交'？什么叫'危害民国'？日寇侵略中国，杀我同胞，灭我民族，身为中国人，难道不应该抗日救国？"

特务们理屈词穷，就诉诸武力，上来抓学生。学生们和特务搏斗起来。

李林乘混乱之际，在贾维英的掩护下，爬上售票处的窗口，向围观的群众大声疾呼：

"同胞们，日寇在东北屠杀我们的骨肉同胞，掠夺丰富的矿藏，还想一口吞掉我中华民族，我们就甘心坐以待毙吗？不能！坚决不能！全民族动员起来，团结抗日……"

"砰！砰！"特务头子朝天开枪，"把她拉下来！"

几个特务一拥而上。李林见特务们步步逼近，便突然振臂高呼：

"打倒日本帝国主义！"

"打倒汉奸！"

"把日寇赶出中国去！"群众纷起响应，口号声响彻夜空。

李林和贾维英及宣传队的同学们被押回上海，遣送回学校。

学校当局开除了李林和贾维英。

△ 抗日女英雄李林画像

1936 年 8 月的一天，李林和贾维英离开了上海，到学生运动的中心地——北平。

敌人卑鄙的手段，没有压制住李林心中的革命之火，她继续探寻革命道路，像一个勇敢的斗士一样，继续战斗下去。

➜ 北平救亡

★★★★★

1936 年秋，李林风尘仆仆从上海来到北平，考入了民国学院政治系。她并不是为了进高等学府继续深造，而是为了寻求更多的真理，得到更好的锻炼。

李林入学后，为了不受约束，在校内一个小公寓里，租了一间楼梯下的过房。学校对学生是否到校听课，从不过问，只要考试到场，哪怕一节课也没上，也没关系。因此，她经常不到学校去，在这个简陋、寒酸的小屋里，李林每日每夜都在读一种书，那就是马列著作。从书里，她内心的种种疑惑有了答案，书中的真理就像太阳一样，给了她希望，给了她温暖。

中国共产党的抗日主张也在这里播下了火种。校内的爱国青年，正和其他学校的学生一样，奋战在抗日救亡运动的战线上。

她很快结识了一名党的地下工作者吕光。其实吕光已观察她好久了。吕光从李林身上，看到了很多一个优秀的革命者应该具备的品质：忠诚，踏实，疾恶如仇，强烈的民族责任感，顽强的进取心。吕光介绍李林参加了北平的进步青年组织——"中华民族解放先锋队"。

初秋的一个早晨，李林和民先队员前往郊区，向那里的国民党驻军宣传抗日救国的道理。

李林和同伴们在路边等到了两个经过这里的大兵。李林先跟他们拉家常，了解到他们都是穷苦的农民出身，其中一个士兵是东北人，他的家乡已经被日本侵略者占领。李林同情地望着这个东北汉子忧郁的脸庞，唱起了歌曲《松花江上》。歌声把东北士兵带回了家乡，他含泪望着远处，想起了远在东北不知死活的家人。顺着歌声，又有一些士兵和农民也慢慢围了上来。

李林见时机成熟，就当即演说起来。她说："同胞们，你们想一想，我们中国还像个国家吗？"她指了指那个东北士兵："这位兄弟，家在东北，可他有家不能回。他有枪，可有人不让把枪对准日本强盗，反而对准养活他们的老百姓。大家想一想，这样下去不是要亡国了吗？怎么办？路，只有一条：工、农、学、商携起手来，坚决抗日，挽救国家的危亡！"

　　李林一口气讲了半个钟头。她一讲完，那两个士兵激动地表示："放心吧，我们也是中国人，不当孬种。"分手时，那个东北兵向李林庄严地行了一个军礼。

　　经过参加抗日救亡运动，李林逐渐地成长起来。

　　这时，吕光又拿来许多马列的书籍让她读，不懂的地方，就耐心地讲解。压在她心头的爪哇岛上的殖民者的脚印，上海外滩的洋人兵舰，码头工人沉重的杠棒，纺纱女工凄苦的面容……这一幅幅丑恶的社会画面，书中都给以深刻的揭露和剖析，并指出了铲除这一切罪恶的唯一办法——无产阶级革命。

　　用马列思想来武装头脑，李林成长为一个真正的共产主义战士，她头脑中有了新的最高理想——为共产主义而奋斗！

→ 勇敢的旗手

★★★★★

（20岁）

1936年12月，为了抗议蒋介石杀害爱国人士的无耻行径，推动全国抗战局势，北京学联决定于12月12日，举行第五次大规模示威游行，由李林担任旗手。

民国学院的民先队员们，乘校警还在热被窝里酣睡，悄悄地溜出了学校，直奔预定的一个集合点。

8点钟，约定的时刻到了。李林迅速从怀里抽出红旗，套在一个同学送过来的旗杆上。她猛力挥动旗杆，鲜艳的红旗在空中招展。红旗就是命令，红旗就是号角。

四周的青年学生们一见到红旗，马上和最近的同学手挽手，排成六路纵队，集合到红旗下。

游行开始了，李林高举红旗，自豪地走在队伍前面。她也感到责任的重大，她对两边护旗的男同学说："如果我倒下，请你们接过去，红旗不能倒。"

很快，国民党政府出动了大批军警，来阻止学生游行。

李林把红旗举得更高，在空中连续左右摆动。同学们一见信号，前边的立即高呼口号：

"枪口对外，一致抗日！"

"中国人不打中国人！"

"拥护绥南抗战！"

北平的学运，经过一年多的锻炼，更加成熟了。同学们以李林手中的红旗发出的信号为导引，避开手持武器的警察，穿胡同，迂回前进。把警察搞得很被动。警长发现了红旗的作用，立刻带着人直朝李林扑过去。

这时，李林见队伍已经快走完了，正准备撤下，冷不防，背后窜出两个警察，扑上来猛地抓住旗杆，想把红旗夺走。李林哪里肯放？李林死死抓住红旗不松手。警察抢走了旗杆，挥动旗杆狠狠抽打李林，鲜血顺着她的鼻孔、嘴角流下来。危急中，吕光和同学们过来了，警察见学生人多，就灰溜溜地走了。

"快！从警察手里夺回旗杆！"李林没有忘记自己的职责。

一个男同学把抢回来的旗杆交给李林。

李林擦去嘴角的鲜血，把红旗迅速绑好，高高举起，队伍又在前进了。

游行结束后,李林向吕光谈了自己今后要走的道路。

"国家处于灾难之中,民众日日遭受涂炭,能为国家的独立,为无产阶级的解放做点工作,这是我毕生的志愿。"

吕光兴奋地凝视着眼前的李林:这正是我们党的事业所迫切需要的勇敢而忠诚的战士啊!

吕光抑制住内心的激动,又一次向李林讲述了中国共产党的性质和任务。她满怀激情地说:"只要跟着共产党,我们就能亲手打烂这个旧社会,迎来新的美好生活!"

这样的党正是李林所向往的啊!

"你愿意加入这个行列吗?"

"这是我梦寐以求的!"李林激动地说。

"你不怕坐牢,不怕牺牲?"

"生命只有一次,为了民族和阶级的解放,我把它交给党。"

"要服从党的纪律,保守党的机密,你能做到吗?"

"能!"李林坚定地回答。

吕光紧紧握着李林的手,告诉她:

"李林同志,组织上已经决定接受你为中国共产党的党员。”

李林听了，激动得心都快跳出来了，她同样也紧紧地握着吕光的手，深情地说：“吕大姐，从今天起，我要把一切，直到生命都交给党！”

在吕光的介绍下，李林在这一年光荣地加入了中国共产党。

李林就按自己说的那样，为了民族和阶级的解放，把一切都交给了党，为党的事业奋斗终生。

山西抗日

(1936—1940)

→ 军政干训班

★★★★★

（20 岁）

1936 年 12 月底，奉党的命令，李林结束了学生生活，离开北平，到山西参加实际的抗日工作。她早先"投笔从戎"的志愿，眼看就要实现，横枪立马的生活就要开始了。

太原的情况很复杂，阎锡山表面上打出了拥护抗日的旗号，暗地里却打着如意算盘，党在太原的活动还处于秘密状态。我党要利用牺盟会这个抗日统一战线的合法民众团体，坚持党的抗日方针，争取早日为前线输送干部。

李林到了太原后，参加了抗日牺牲救国同盟会举办的军政干部训练班，接受军训。为了加强军训班中党的工作，中共山西工委决定在军训班里，成立党的临时组织——特区。李林担任了特区的宣传委员。后来因为爱国女青年纷纷前来参加牺盟会，又专门成立了一个女子连——十一连。李林也被分配到这个连里，并兼任了连的党支部书记。

实际的士兵生活，并不像想象的那么浪漫。

军事教官严厉，不讲情面。吃饭要跑步集合，排队进饭堂，吹了哨才准吃，再吹哨就停止，吃饱吃不饱，一概不管。每天出操上课，练队形，爬山，跑步，一刻也不能停歇，女兵们都有点吃不消了。不少人有了怨言，情绪受到很大影响。

特区的金书记告诉李林，要主动接近学员，和大家谈心，再组织一些课余活动，帮助大家端正认识，努力掌握好军事知识，为上前线做好准备。告诉同学们这是党的号召。

李林接受任务后，通过党员把工作布置了下去。李林和其他党员又在连队举办了时事研究会等活动，使大家认识到现在国共合作的局面，来之不易，我们自己的军队力量还比较薄弱，有这个条件，为什么不学习呢？为了打日寇，付出一些代价是值得的。

打这以后，十一连的女兵们有了显著的变化。往日操练回来，一歪身子躺在床上不动了，现在一下操，女兵们抓紧收拾内务，然后分成小组学习讨论。

思想搞通了，练兵的劲头就大了。

李林更是不畏艰难，苦练军事技术。

射击课上，李林趴在冰凉的操场上，用手托着枪，眯着一只眼，用心地瞄准靶子。一下，两下……手冻木了，但她仍然一动不动地刻苦练习。为了练好射击技术，她的双肘磨破了，新痂上又磨出了血，连素来严厉的教官，也深受感动。

"你真准备上前线？"教官试探地问道。

"杀日本鬼子，不上前线怎么行？"李林毫不含糊地回答道。

"你不害怕？"

"教官，日本人杀了多少同胞，强占了我们多少地方？"李林没有正面回答，却提出了这个问题。

教官想起自己所在的国民党军队，惭愧地低下了头。

军训生活刚稳定，在国民师范的校园里，又产生了新的风波。学员中，出现了这样的议论：

△ 李林战斗过的洪涛山

"山西人排外，欺负外地人，合作不了。"

"国民党不是真心抗日，抗日必须先打倒国民党。国共合作是阶级投降。"

无风不起浪，一定有人在搞破坏。李林他们一查，才知道原来是汉奸张慕陶窜到了山西。这是他的拿手戏：台上革命家，台下做娼妓。他一到太原，到处散布反革命言论，煽动幼稚青年，破坏统一战线。

军训班里混进的不良分子，在班里兴风作浪，一些思想不成熟的学员，产生了动摇。他们联想起国民党以前的作为，觉得张慕陶的理论颇有道理，对军训生活提出了非议。

特区的同志立即开会研究对策。会后，他们布置了一场"引蛇出洞"的好戏。

军训班出面，把张慕陶请来讲抗日。

正当他唾沫横飞，讲得正起劲儿时，李林带着几个学员从后台跑上来，拿出一张报纸，高声念了一条"张慕陶拿日本人津贴"的消息，顿时全场哗然。张慕陶不知所措，狼狈不堪，立即有人带头高呼：

"把张慕陶揪下来！"

"打张慕陶！打！打！"

李林见群众明白了张慕陶的真相，马上和几个同学围上去，连拉带推，把张慕陶轰下台。

军训班里，很多青年受到锻炼，提出了进步的要求：要加入中国共产党。李林和特区的同志们一道抵制了党内关门主义的错误倾向，大胆吸收了新鲜力量。李林这个连，加入党组织的新同志最多。

李林在军训班生活使她更加成熟了，她在这里得到的军事训练，为她日后上前线带兵打仗，打下了良好的军事基础。

➙ 大同抗日宣传

★★★★★

（21岁）

1937年，中共山西工委，根据中央五月党代会的决议和形势的发展，派遣阎秀峰、李林、吕调元、侯富山等四位同志开辟雁同地区的抗日工作。并任命他们组成雁北工委（公开身份是牺盟会大同中心区委）。这是我党在雁同地区的第一个工作委员会。李林任宣传委员。

国民党当局对李林他们来大同一事，并不热心，甚至吃住问题，也没有帮助解决。至于合作抗战，说了半天也不得要领。工委只好自己想办法解决，尽快把工作开展起来。工委暂时在青年会落了脚。

此时，日寇已进逼大同。敌机不时轰炸，到处可见轰炸留下的断壁残垣。日寇在此公开设特务机关。除收集军事、政治、经济、文化等各方面的情报外，还公开走私，制卖毒品，开设赌场，散布谣言，破坏抗日。国民党大同当局，对日寇的罪恶勾当，抱着无作为的态度，这更助长了日寇的嚣张气焰。

为了迅速在城内展开抗日救亡运动，工委决定首先利用张贴传单这种办法宣传抗日形势、政策和方针。李林主动承担了印刷传单的任务。

每当夜深时分，全城不见一点星火，李林用床单把窗子遮严，点上蜡烛，开始印传单。

一次，正当她抓紧印传单时，外面突然传来空袭警报。李林侧脸听了一会儿，又往滚子上添了点油墨，继续印刷。

敌机的轰鸣声由远而近，轰隆隆地飞到头顶上，震落了旧房顶上的尘土。

吕调元急匆匆赶过来，让李林躲一躲，李林不同意。

正说着，一颗炸弹落在了附近，发出震耳的巨响，爆炸震落了窗子上的床单，扑灭了蜡烛。

李林怔了一下，随即跳起来，敏捷地抓起床单，重新挂好。

吕调元赶快点燃蜡烛。

两个人飞快地印着……

天亮了，李林的身影又出现在街头巷尾。她和同志们一起，带领动员出来的大同师范学生、大同火车站的工人，把传单贴满了大同大大小小的街道。

革命的道理打开了民众的心扉，鼓动起他们抗战的热情。

半个月后，经过李林和同志们的共同努力，组织起来的学生抗日宣传队，开始活跃在街头巷尾；铁路工人中发展了一批牺盟会员，带动广大工人投入抗日救亡的热潮；工委在大同剧院召开群众大会，广泛宣传抗日救国的道理。大同城内的抗日救亡运动迅速打开了局面。

李林抗日救亡的宣传，惹怒了日本人。他们发来恐吓信：

如再妖言惑众，宣传赤化匪言，破坏中日邦交，你等性命不保。勿谓言之不予也。

李林看后，轻蔑地一笑。

她和吕调元利用这封信，在一个工人集会上，揭穿了敌人的阴谋，让广大人民群众更看清了敌人丑恶的嘴脸。

李林并没有被敌人的威胁吓倒，她一如既往地走到群众中间宣传抗日。为中共在大同的抗日工作作出了重要的贡献。

→ 毛遂自荐

★★★★★
（21 岁）

1937 年 9 月，日寇侵占了张家口，国民党军队望风而逃。大同城内未听到一声枪响，阎锡山就这样把大同城拱手让给了日本侵略者。

为了部署新的斗争计划，省委发来指示，调阎秀峰、李林回太原，另行安排工作。

李林舍不得离开大同前线，但又不能不服从组织决定，便动身前往太原。在路上他们看见村庄荒芜，百姓争相逃难的凄惨景象，更让他们气愤的是那些仓皇南逃的国民党军队，边逃跑边抢劫，凡路过的村镇都被他们洗劫一空。

在阳明堡，意外地遇到了山西省工委派往雁北的同志。

带队的是工委的老赵。他们奉命插入雁北山区，开辟敌后抗日根据地，发展游击战争，

035
山西抗日

建立抗日民主政权。

"当我得到了那消息的时候，我发疯似的高兴，我兴奋我又将有机会步出雁门关外了！"时隔两年后，李林也没有忘记当时的激动心情。

李林无法抑止自己渴望战斗的激情，她请求老赵把她留下来，和他们一起上前线。

"那怎么行，你奉调另有任务，况且又是个女同志……"老赵不同意。

"女同志又怎么样？"李林着急地打断了对方。

"我们是去打仗，不同一般的群众工作，又是在敌后，环境极其艰苦呀！"

"艰苦、死，我早已置之度外！我要亲手血刃敌寇的头颅，为雁北群众报仇。"李林坚决地说。

老赵明白李林的心。早在太原，李林就给他留下了深刻的印象，在她分配到大同前线后，其他女同志向工委要求到前线工作时，总要提出这个强有力的理由："李林能去，我们为什么不能去？"

老赵同意了李林的要求。

这支小队伍，有从延安派来的身经百战、走过雪山草地的红军团长；有在白区坚持数年地下斗争的同志；有在学生运动中冲锋陷阵、与国民党反动派搏斗过的爱国学生。为了抗战，他们从天南海北走到一起来了。

大家对新加入的这个女战士，都怀着一种敬佩的心情。

老赵率领这支小小的队伍，朝着和国民党溃军相反的方向，斗志昂扬地向雁北山区挺进。

勇敢的李林要放下笔，拿起枪，到战场上去杀鬼子，她要在刀光剑影中去实现她的报国理想。

⊕ 第八支队

★★★★★

（21岁）

两个月前，当李林刚刚踏上雁北的土地时，山顶上一座座插入天空的烽火台给她留下了深刻的印象。

在古代，遇到外敌入侵，情况危急，我们的祖先不就是用它来召唤军民共同抵御外敌吗？它使李林想到，我们也要像祖先一样，去点燃新的烽火台，唤起千千万万的民众，在这里组建一支浩浩荡荡的抗日大军，消灭日寇，收复家园。

两个月过去了，李林决心要把美好的愿望变成现实，她开始着手组建一支抗日游击队。

特委在偏关，经过一段时间的工作，打开了抗日的局面。八路军广泛开展敌后游击战争，接连打了几次胜仗，这使人心大振。

这时，毛主席又作出重要的指示："整个华北工作，应以游击战争为唯一方向。全华北的党，都要借八路军抗战的声威，动员群众，普遍建立各种游击队。"

在李林的强烈请求下，特委一致同意由李林负责组建游击队。

虽然游击队的牌子挂出去了，但实际上兵马不多。

一天，一个五十多岁的老人，来找李林，说要报名参加游击队。两人一见面，都愣住了。

老人是谁呢？为什么这么大年纪还要加入游击队？

原来老人叫蒙岳，是一位老中医。此人性情豪爽，爱打抱不平，在老乡中颇有威望。听说日本帝国主义侵略中国的消息后，他便召集一些青年后生，每天舞枪弄棒，准备抗击外敌。他听说偏关来了八路军，便前来投军。为了表明自己抗战的决心，他将家中所有草药和一些微薄的积蓄全部散发给周围的乡亲们，背上平时随身的大刀，就奔偏关县城来了。

老蒙岳没想到迎接他的是一个年轻的姑娘。

老人说明来意。李林一听，笑了，把大爷让进屋。

"老大爷，你大概快五十岁了吧，怎么还来参加游击队？"

"嫌我老了？！"说着，就来到院子里，拉开架式，舞起刀来。

果然是身手不凡，围观的人都啧啧赞叹。

有这样坚强的群众来参加游击队，李林心里踏实多了。

李林后来回忆这段时期的工作时说：

的确，武装工作是困难的。由于没有更多的干部，军事、政治都由一个人负责。也因为过去没有军事经验和常识，仅仅受过几个月的训练，所以开始虽只有十几个人的游击队，就已经够我忙乱的了。我常整夜睡不着觉，想着他们的管理问题，计划着他们第二天的军事操、政治课以及生活等方面，真是煞费苦心。

李林是一个从不怕困难的人，她是一个实干家，她要用行动和成绩证明她组建的游击队，是一个合格的队伍，是一个能打硬仗的队伍。当然，为此她确实付出了艰辛的努力。

要把大家教出水平来，首先得自己技术本领过硬。每天天刚亮，同志们还没起的时候，她就来到训练场。李林一会儿匍匐前进，一会儿瞄准射击。她不厌其烦地一遍一遍重复着各种军事动作，直到自己满意为止。北国冬天的早晨特别寒冷，她的脸时常冻得通红发紫，而膝盖磨破是常有的事。

△ 戎马生涯中的李林

　　战士们特别佩服他们的女队长，训练的时候都
很认真，没有人因为李林是女同志而轻视她。

　　李林除每天的事情特别多，战士生病了，她要
忙着给请医生、抓药，战士换不上冬衣，她得到处
跑想办法。常常刚送到嘴边的碗又放下了，难得吃
上一口热乎饭。

　　晚上，她还要给同志们上政治课。

党领导的八路军在塞北点燃抗日烽火，越烧越旺。从山庄窝铺、煤窑、作坊，来报名参军的人源源不断。在这时，特委又给派来了一名军事干部，名叫王零余。并决定正式建立"雁北抗日游击队第八支队"，王零余同志任队长，李林任政治部主任（即政委）。

李林组建军队的愿望实现了，她成了一名真正的战地指挥员。

➔ 情系百姓

★★★★★

（21岁）

按照毛主席游击战争的思想，八支队经常深入山区农村，建立立足点，广泛地发动群众。

1937年的冬天，八支队来到了长城脚下的一个小村子里。

村子里的景象却使大家愣住了：家家户户关门闭户，村内冷冷清清，路上一个人也没有，只有几条乱窜的狗，朝战士们吠叫着。

战士们见此情景，便挨家挨户地呼唤老乡。

"大爷！大娘！出来吧，我们是八路军游击队，是打日本鬼子的，不用害怕，开开门吧！"

喊了一阵，没有回音。原来老乡们见来了部队，都吓得躲到山里去了。

天渐渐黑了，寒风刺骨。战士们围上来，对于是不是到老乡家过宿，意见不一。

李林考虑了一下，对战士们说："我们是共产党领导的队伍，丝毫也不能侵犯群众的利益，老乡不在，决不能私自闯进老乡的家里。我看，村口那座大庙还可以挡风，咱们暂时先住在那里吧。"

战士们住进了大庙。在庙里点起了火。老乡不在，他们只好把从偏关带来的十几斤大豆，每人分一些，烤一烤当饭。

忽然从风声中隐隐传来小孩的哭声，细心的李林一下听到了，觉得奇怪。她告诉了王零余，王零余一听，果然有小孩的哭声。

他们顺着哭声，来到大庙旁的一座小土窑。王零余用马灯一照，窑里空无一人，炕上光秃秃的，连张席子也没有铺，炕板石被磨得油光，一看便知这是一个非常穷苦的人家。

哭声是从靠墙的一个烂木柜里发出来的。两人连忙走过去，掀开柜盖，只见一堆烂棉花围裹着一个小孩，李林忙伸手把孩子抱在怀里，孩子却哭得更厉害了。李林说：

"老王，这孩子是饿的。你找找看家里有没有吃的，喂喂他。"

王零余翻腾半天，什么也没找到。李林忽然想起，刚才分给自己的那把烤熟的大豆，还在衣兜里。

她解开扣子，把孩子贴胸裹在怀里，一边在地上来回走着，一边把豆子嚼碎，嘴对嘴地喂给孩子。小家伙吃到东西，马上就不哭了，只顾咂着小嘴。

不大一会儿，李林就把自己一天的伙食——十八颗大豆，全都喂给了孩子。这情景，王零余在一旁看得清清楚楚。他这个铁汉子的眼睛，也不禁有些湿润了。

孩子在李林的怀里睡着了。李林把他包好，放在炕上，又脱下自己的皮袄，轻轻地盖在孩子的身上。

这时，突然从窗子外面传来一个女人的哭泣声，两人一愣。王零余忙问："谁?"

"我。"话音刚落，便跌跌撞撞跑进一个中年妇女。她一边哭一边说："好人哪，叫我怎么答谢你们!"

原来，这正是孩子的母亲，她虽然躲在山里，可牵挂着家里的孩子。她想夜深人静时回村给孩子喂奶，正好遇见李林和王零余提着马灯朝她家走去，就悄悄地跟在后面，从窗户破洞里看见了窑里发生的事情。

李林兴奋地拉着这位中年妇女的手说："大嫂，我们是八路军，抗日的队伍。乡亲们都到哪去了？把他们叫回来吧，山上太冷啊。"

那个中年妇女，擦去眼角的泪水，连忙说："能，能，我马上就去叫他们。"

老乡们听了大嫂的讲述，全都解除了顾虑，才知道八路军的游击队来了。不大一会儿，躲在山里的男女老少，全部回了村。

这下小山村可热闹了。老乡们争着把战士往自家拉。家家户户烧起了热炕，给战士们烧水做饭。一座座小土窑里，洋溢着愉快的谈笑声。

那位大嫂，这时正往李林和战士的碗里一个劲地夹菜，说道："咱这穷地方没啥好吃的，粗茶淡饭是个心，不兴作假呀。"李林笑着说："大嫂子，我吃得快要撑破肚啦。"说得大家都笑了。

天亮了，战士们都忙活着帮老乡扫院子、担水、砍柴，老乡们也都喜气洋洋地参加游击队召开的大会。李林给乡亲们宣传共产党的抗日救国十大纲领，领导群众开展抗日工作，执行减租减息、合理负担。

没几天，附近一带村庄的工作局面，就轰轰烈烈地展开了，青年人争着参军，游击队也壮大了力量。

李林就是以党的严明的工作作风，以她对百姓的真诚的友爱，开创了一个又一个工作新局面，争取了一个又一个抗日力量。

➜ 偏关受挫

　　1938年初，八路军主力部队打了个大胜仗，把鬼子从大同到太原的铁路截断了。这下急坏了大同的鬼子，忙调后宫师团一万多人来打晋西北。内蒙汉奸李守信的骑兵也趁火打劫，从塞外直扑进来，往偏关开去。这时，八路军的宋支队和警六团，正在左（云）、右（玉）、平（鲁）一带的山里打游击。小小的偏关城，处在敌人的包围之中。偏关县政府机关加上各团体有一百来人。唯一的武装力量，就是刚成立不久的八支队。虽然李林领着大伙也操练了一段时间，可实打实地干，还是头一回。更何况他们的武器总共也没几杆枪。

　　李林、王零余和县政府的梁雷同志一商量，硬拼不是办法，决定用仅有的这点军事力量，掩护机关、团体转移出城，向平鲁靠拢。

北国的初春，总是风云突变。转移的那天早上，竟下起大雪来，这给转移带来困难。北风呼呼地刮着，飞沙直迷人的眼睛，再加上雪天路滑，走起来十分困难。队伍中又有妇女、老人，走了一上午，还没走上 30 里地。晌午，敌人的骑兵队就跟踪追来了。队伍被冲散了。

李林和王零余见敌人来势凶猛，就带领身边的战士边打边撤，钻进了一条山沟，甩掉了敌人。天黑以后，他们找不到梁雷同志，就改变方向，撤出了南山。

过了两天，从城里回来的老乡说，梁雷率领的队伍在百家嘴村被敌人包围了。他们虽然进行了英勇突围，但终因寡不敌众，牺牲了不少同志。梁雷县长也壮烈牺牲了。城里的敌人正利用这件事大造谣言，说八支队和抗日政府都已经完蛋了，群众的心都很沉重。

李林听到这个消息，一方面为战友们的牺牲，感到万分悲痛，另一方面又为被打散的游击队的处境和整个的工作，感到忧心。

年轻的游击队指挥员，第一次经受了严峻的考验。

晚上，李林找到王零余。她眼皮还有点红肿，但面容坚定。她说："老王，你带领部队，到平鲁寻找特委。我留下，到百家嘴一带，收拢走散的游击队员，然后到平鲁找你们。"

"不！你带上部队走，我去找分散的同志。"

"不，还是我去！"李林用不容反驳的口吻说，"我比你来得早，这一带的情况，比你熟悉。"

"敌人还没有撤，你一个人去太危险。何况你是个女同志。"

"女同志？"李林生气了，这是她最不喜欢别人对她说的话。"我跟你一样，是个共产党员，抗日战士！"

王零余拗不过李林，只得让步。他从弹夹里拿出一梭子弹，默默地递给李林。

晚饭后，一个矮小的、农村小媳妇打扮的妇女，踏着厚厚的积雪，连夜下了山。她就是李林。

白雪覆盖的北方原野，是那么空旷、荒寂，寒风卷着雪粒，在空中飞旋。李林踏着积雪，深一脚浅一脚地向前跋涉，她走过了一个村又一个村，向老乡打听游击队员的下落。

老百姓一听她打听游击队的事，也都很警惕。在二寺沟村的一座破窑里，在问询无果的情况下，她便很失望地离开那里。

走不远，她发现后面有人跟着她，就机灵地闪到一棵大杨树背后。

跟踪的人越来越近，她看清了，那不是梁雷那一路的八支队的二排副老张吗？

老张也认出了李林，惊喜万分。他在战斗中负了轻伤，突围后，就暂时躲到了表姐家，准备去南山找八支队。刚才听他表姐（就是李林刚刚问过的破窑的大嫂）说，有个妇女自称是抗日游击队的人，他心里一动，急急忙忙地跟了出来，没想到，真是李林！

"李政委，完了，全完了！"老张悲痛地流下了泪水。

李林心里也很难受，但她知道，老张现在需要的不是同情的眼泪和安慰的话。

"什么完了！"她严肃地看着老张，声音冷静而坚定。"有你，有我，有全中国的老百姓，就没有完，也不会完！"

"可我们几个月的辛苦都白费了！梁县长也……"老张还是抱着脑袋，不住地哭。

"同志，要是抗日就像走亲戚那么容易，还要我们这些共产党员干什么？难道共产党员是纸糊的、泥捏的，刮一场风就能吹倒？不！共产党员是铁打的！"

老张终于止住了哭泣，抬起头来。李林的话在他心中唤起了希望和力量。

"把泪擦掉！现在不是哭的时候！"李林坚定地命令道，"跟我走，把走散的队员，找回来，丢了的武器，拣回来，从头干起！"

在老营村东的山坳里，李林发现那里有个破土窑，好像听见有人在里面说话。李林和老张赶紧去察看。没想到，在这里，他们找到了失散的老蒙岳带领的八支队队员。

李林的出现，使队员们激动万分。

"同志们！"李林跟大家一起坐下后，用深情的目光，巡视着一张张被硝烟熏黑的脸，她的心里，汹涌着一种火辣辣的感情。

"你们辛苦了！但俗话说得好：'路遥知马力，困难显英雄。'你们都是好样的，不愧为八路军的游击战士……"

"打了败仗，还算什么好汉。"一个队员难受地插嘴道。

"不能这么说。没有失败，就没有成功。"李林很乐观，"只要肯吸取教训，今天失败了，明天就会胜利！"

"可梁县长，还有许多同志都牺牲了。"老蒙岳悲痛地说。

"我已经知道了。他们的血不会白流的。一个人倒下去，会有十个人站起来，抗日的人是杀不尽，斩不绝的。"

李林站起身来："同志们，把头抬起来，把胸挺起来，拿出抗日的英雄气概，去向敌人讨还血债！"

李林刚强不屈的作风和对革命的无限忠诚，教育感染了八支队的每一个队员，使战败的八支队又挺起了胸膛，活跃在偏关一带的山区。

半个月之后，在偏关县的城镇和乡村里，都流传着这样一则动人的消息：说是八支队非但没有完蛋，而且比以前更加兵强马壮。带领他们的，还是那个坚强能干的妇女，能双手打枪，双手写字，了不得！人们说得活灵活现，就像亲眼看到的一样。

就在这时候，八路军一二〇师的主力部队，也赶回了晋西北，一举收复了岢岚、保德、偏关等七个县城。游击队随八路军一起进了偏关城。人们看到，走在队伍最前面的，就是八支队的政治部主任李林。

➡ 洪涛整兵

★★★★★

（22岁）

1838年4月初，根据毛主席"要建立长期支持的根据地，山地当然是最好的条件"的指示，李林和王零余率领八支队，转移到了洪涛山区，去开辟和建立敌后的抗日根据地。

洪涛山，整个山脉横贯晋北左云、右玉、平鲁、朔县、山阴、怀仁六县，最高峰为洪涛山峰。山势磅礴，山大沟深，重峦叠嶂，是打游击的好地方。它又远离城镇、公路，敌人鞭长莫及，给游击队提供了施展本领的绝好舞台。

队伍进山后，就把根子深深地扎进贫苦农民之中，向他们宣传抗日的道理，还把男女老少都组织到各种救亡团体里。首先成立了各级动委会，这是根据地党领导下的抗日统一战线的一种组织，征公粮，派民工，接待抗日工作人员；青壮年成立了不脱产的自卫队，平时搞生产，有了情况就拉出去，给八路军、游击队运物资，送情报，站岗放哨，保护区、乡政权；妇救会做军鞋，搞拥军工作；连娃娃们也成立了儿童团，学唱革命歌曲，帮大人们做事。

战士们住在老乡家里，和老乡同吃同住。帮老乡担水、扫院子、刨粪、拾柴，和乡亲们处得像一家人。

由于实行了"合理负担"，向老财们征收了粮食、布匹，一方面减轻了老乡们的负担，另一方面，部队的衣服也得到改善。

李林在具体的工作中，很善于动脑筋，想办法克服各种困难。她和队员们，把征收的土布，用莜麦秸烧成的灰染一染，请妇救会的大嫂、姑娘们做成了军衣，把破烂的老百姓衣服替换下来，队伍看上去整齐多了。换下来的烂布片也舍不得扔，请刘华香同志当"师傅"，教大家拧布绳打布草鞋，每人发了两双。总之，新开辟的根据地在大家的积极努力下，变得生气勃勃了。八支队也更加根深叶茂。

在深入发动群众，认真建设根据地的同时，八支队还开展了扎扎实实的练兵运动。李林给战士们讲了练兵运动的意义和重要性，使战士们懂得了，没有过硬本领，要想战胜狡猾的敌人是不可能的。

思想认识上去了，练兵的劲头更高了。

每日凌晨，山冈上杀声震天，舞大刀的，练投弹的，学骑马的，拼刺刀的，比登山的，十分热闹。

夜里，在山坡上点一炷香，战士们对着香头的星火练瞄准，或拉到深沟里、山架上，练习夜行军，学习辨认地形地物。队员们个个都把劲头憋得足足的，苦练杀敌本领，为保卫边区做好准备。

李林在这场练兵运动中，认真研究毛主席游击战争的思想。刘华香送给她的那本《中国革命战争的战略问题》，成了她随身不离的宝贝。封面和书角磨坏了，她用纸仔细地补好，又在外面包了块布。哪怕在行军途中，她也要乘战士们休息的片刻，看上几行。

训练中，她处处带头，刻苦顽强，在王零余的帮助下，学习了不少的军事知识，练就了一身骑马、打枪的好本领。

→ 驯服烈马

★★★★★

（22岁）

　　洪涛整兵，使八支队各方面都得到了提高，呈现出崭新的风貌。

　　刘华香给八支队送来了一匹名叫"菊花青"的烈马。这马性格猛烈，身高八尺，弓形的颈脖，浓密的长鬃，前胸宽阔，骨架健美，浑身青铜色，撒满了铜钱大的雪花，四个白蹄，没一根杂毛。识马者一看，便知这是一匹擅跑的骏马。

　　这匹菊花青马，原是内蒙凉城一个老财的马，它的主人怕别人动，惯了一身的坏毛病，除非本人，生人靠不得。自从这马到了八支队，也曾有几个胆大的战士想试试，可个个都被摔怕了。

　　这一天，又有一群战士围着菊花青马，啧啧称赞。李林走过来说："我来试试。"大家不由得大吃一惊，因为他们的女政委站在高大的菊花青身旁，显得又矮又小。

"政委，烈性子马，难降服啊。"人们上前劝阻。

一个战士说："政委，你的个头矮了点，还够不着马背呢！"

李林说了声"不要紧"，围着菊花青转了一圈，仔细端详着这匹好马，突然，只见她从马左前侧直插过去，伸手抓住马鬃，用力一蹬地，翻身上了马背。

"好家伙，政委有两下子！"

喝彩声还未落，暴躁的菊花青凶猛地撩起蹶子，朝前直立起来，

△ 决死四纵队缩编第一师部分领导人合影。前排左三为李林。

并且腾空蹦了几下，把李林一下子摔出老远。

人们被这一下子弄得啼笑皆非，赶忙上去搀扶李政委。但李林已经站起来，拍拍身上的土，笑呵呵地向菊花青说："嘀！名不虚传啊！"

菊花青依然昂首挺脖，理也不理这个失败了的骑手。

李林又走过去，以飞快的速度，抓住马鬃，翻身跨上了马背。

菊花青更加恼怒起来，一个劲地狂蹦乱跳，一会儿前蹄蹬立，一会儿腾空闪腰，恨不得把李林摔出八丈远。

人们紧张地看着，都替李林捏着一把汗。

李林两腿紧夹，上身紧贴，死死地抓住马鬃，渡过了几道险关，总算没有掉下来。菊花青发现上次的"绝招"不灵了，更气得暴跳如雷，猛地腾开四蹄，撒野疯跑起来。

"糟了！"大家着急地一齐朝马跑的方向追去。

菊花青在野地狂奔，李林随着马背的颠簸而起伏。李林渐渐有些招架不住。只见菊花青猛地来了个原地急煞，前蹄一搓，屁股往前一掼，一低头，把个李林摔出老远。

战士们惊叫着，奔跑过去。李林撑着手坐了起来，额角上擦破一大块,血浸了出来,浑身成了个土人。蒙岳忙上去问:"李政委,怎么样?"

李林站了起来,摸了下额头和摔肿的脸颊,拍拍身上的土说:"没什么,骑马还能不摔两跤。"

功夫不负有心人,李林不知摔了多少跤,身上青一块紫一块,可她终于降服了菊花青。

快马需健儿,健儿需快马。菊花青也找到了真正的主人。现在它一见李林就张开大嗓门兴奋地嘶鸣,李林也常抚摸着菊花青的马头爱抚地说:"马儿啊,日后跟我出征,你可得为抗日好好出力啊!"

果如其言,菊花青此后伴着李林,在战火硝烟中奔驰,并和李林一同牺牲在战场上。

⊙→ 突袭骑兵营

★★★★★

(22岁)

1938年5月,八支队结束了练兵,奉命

离开洪涛山，跨过长城，挺进丰镇、凉城、厂汉营一带，开辟绥南抗日根据地。

到绥南后，李林和王零余又兵分两路，各自活动。

一天，李林这一路部队，吃过中午饭，开始翻潘阳山。

塞外的春天，黄风不断，遮天蔽日。呼啸的狂风卷着黄沙，无情地吹打在战士们身上，战士们眼前一片浑黄，什么也看不见，队伍无法前进。

李林命令部队到一个山坳里躲一躲，等风小了再前进。到了夜里，风力减弱。战士们抖落身上厚厚的一层黄土，又开始爬山。李林牵着菊花青，马背上驮着一个发急病的战士，在队伍中行走。

夜色中，走在陡峭的山路上，一不小心，就跌得头破血流。天快明时，才出了山。当战士望见前面有一片黑黝黝的房屋，上面袅袅地飘着几缕炊烟时，疲乏、饥饿一齐袭来，大家都盼望着快点赶到老乡家吃点东西、歇一歇。

李林理解战士们的心情，但不能贸然前往，她叫队伍停下原地休息，派两个哨兵前去侦察。不一会儿，两个战士领来一个早起拾粪的老乡，从老乡口中得知这个村子叫田成村，村口有个土碉堡，后面是个大院子。驻扎着一个伪军中队，有百十来号人，五十多匹马。

李林听到这个情况，脑子里闪出一个念头：打。

她马上召集起干部商量。他们也是摩拳擦掌，跃跃欲试。

唯独一排副没有做声。李林问他：

"怎么不说话？有什么想法跟大家说一说。"

一排副犹豫了一下说：

"敌人人数比我们多，而且枪多弹足，这块肉，咬动咬不动，很难说呀！"

蒙岳说："我看能行！敌人还在睡觉哩，他们做梦也想不到神兵天降啊！"

二排长也献计道："枪是少了点，但我们有手榴弹呀。加上排子枪齐射，造成火力复杂，肯定能迷惑敌人。"

李林对大家说："送上嘴的肉，我们一定要把它吃掉。我们将要成立骑兵营，正缺少马匹和武器，敌人送上门来，为什么不夺？我们游击队的壮大，就是从弱到强，从小到大，武器靠从敌人手里夺，经验靠实战中来。同志们，做好战斗的准备！"战士们一听要打仗，似乎一下子忘掉了饥饿，顿时精神百倍，马上整治装束，做好了战斗前的准备。

天边的启明星还闪耀着微弱的光亮，在清晨的山村里传来数声鸡啼。

李林坚定地看着大家："告诉战士们，这是出洪涛山后的第一仗，一定要打得勇猛，打得漂亮！"

队伍悄悄地来到村外的土坡后面。只见碉堡前，有个哨兵，倒背枪，手抄在袖筒里，缩着头，溜来溜去，一副无精打采的样子。

李林命令身边的一个战士："干掉他！"

那个战士顺着山坡爬过去，挨近碉堡，摸到了哨兵的背后，刚要扑上去，那家伙突然回过身来，惊恐地拉开枪栓，问道："什么人？"话音未落，李林瞄准一枪，哨兵应声倒下。

几乎同时，排子枪开火了，一排排手榴弹也一古脑儿倾泻到土碉堡上、院子里。顿时，枪声大作，浓烟四起。睡梦中的敌人摸不着头脑，以为八路军的大部队来了，吓得魂也飞了，光着屁股就往外跑，只听"轰"的一声，土碉堡被炸塌了。

李林跳上土坡，一挥手中枪："同志们，冲啊——"

刹那间，战士们个个像下山的猛虎，扑向敌人，杀声震天。

平时在百姓面前作威作福的这些伪军，吓得跟兔子一样，四处逃窜，争先恐后越墙向村后逃去。

等游击队冲进院子时，除留下几具死尸外，连个鬼影都没有了，只剩下马厩里的马儿在嘶鸣。

一个战士兴冲冲地背着五六支步枪，从屋子里走出来，乐得合不拢嘴："哈哈！敌人真大方啊！政委，咱刚练好兵，敌人就送武器来了。"

一群战士牵着马也高兴地朝李林说道："政委，这次兵可没白练呀，加上这么多的好马，我们就可以更好地打击敌人。"

李林欣慰地看着战士们喜气洋洋的脸，看着那缴获的战利品，心里非常感慨：多少个日日夜夜的摸爬滚打，多少个夜晚油灯下为战士们讲课，把一个个没有任何军事基础的、对革命不了解的农民，训练成了一个个真正的八路军战士，这是一件多么有价值的事啊！

李林对战士们说："这次考核，我给你们打100分。"

当凉城据点的鬼子得到消息，派兵乘汽车赶到田成村时，游击队早已无影无踪。他们只好拉上几具尸体，垂头丧气地回去向他们的长官报丧了。

这时，游击队员们正骑着高头大马，背着新缴获的枪，行进在崇山峻岭里。

太阳出来了，群峰在阳光下显得更加挺拔巍峨，战士们豪迈的歌声在山谷里回荡：

　　　　大刀向鬼子们的头上砍去，

　　　　全国武装的弟兄们，

　　　　抗战的一天来到了，

　　　　抗战的一天来到了，

　　　　……

李林从马褡子里取出从北平带来的口琴，高兴地给战士们伴奏，战士们随着口琴声，加快了前进的步伐。

→ 巧设迷魂阵

★★★★★

（22岁）

八支队驰骋长城内外，转战雁北山区，送走了风沙滚滚的春天，迎来了绿意盎然的夏天。八支队在战斗中不断地成长。

1938年7月初，八路军一二〇师贺龙师长和关向应政委亲自批准把雁北的抗日游击队改编为八路军一二〇师雁北第六支队。

原八支队和五支队，被改编成雁北第六支队骑兵营，李林被任命为骑兵营教导员。

此时，由于日寇的疯狂扫荡，绥南工作受了很大损失，干部、群众牺牲在敌人的刺刀下，绥南的革命工作陷入艰难的困境。

为了重新恢复和开辟绥南的工作，特委

决定抽调一批干部，组成绥南工作团，北上绥南。

李林接到任务：骑兵营要在军事上确保绥南工作团完成任务后返回右玉县南山区。

为了完成好这次任务，李林和营长王零余一起研究作战方案。李林端着一盏油灯，和王零余一起趴在一张十万分之一的军事地图上看地形，这张地图还是贺龙师长送给他们的呢。

首先要把工作团由杨家后山护送到绥南的二十边村，这段路程共有 140 里，要求在一天一夜的时间内赶到，同时要穿过一道敌人封锁线。

李林看着地图，心里计算着，不时地小声和王零余商量着。她又察看了靠近大同口泉一带的地形，一个作战方案在她脑子里渐渐成熟。她猛地捶了一下桌子："有了!"

王零余一愣："什么有了?"

李林兴奋地指着地图对王零余说："老王，你看，杨家后山离二十边村有 140 里，二十边村离口泉附近的长流水敌人据点有 200 里。如果把工作团护送到二十边村后，我们人不离鞍马不停蹄地返回长流水……"

还未等李林说完，王零余就恍然大悟："你是说来个声东击西?"

"对，我们利用骑兵速度快的这一特点，拔掉远离绥南 200 里的长流水据点，转移敌人的视线，牵制敌人的兵力，使工作团大胆放手地工作。"

这个方案，跟王零余的想法大致相同，但他提了个问题："那工作团的安全？"

"虽然我们暂时离开工作团，但这样做对工作团来说是最大的安全，因为我们在长流水，敌人决不会认为一批地方干部会远离部队，等敌人扑向我们，我们就又回到工作团身边，即便是敌人发觉，也已经迟了。"

王零余深为李林军事上的飞速进步感到高兴，他爽朗地笑道："好，我赞成！"

特委批准了骑兵营这个大胆的方案。

骑兵营掩护着工作团的同志，经过一天的行军，趁夜色穿过鬼火沟，突破封锁线，按预定计划到达二十边村。

黎明时分，李林已驾驭着菊花青，和全营同志们一起，驰骋在通往长流水的山路上。马蹄踏起的尘雾，像一条巨龙，滚滚西去。

午夜时分，长流水的鬼子们在据点里还在饮酒作乐，一片喧闹。骑兵营已经摸到了鬼子据点。

李林命令尖兵干掉了敌人的岗哨，指挥战士们悄悄地上了房顶。她带人打前院，王零余带人打后院。不一会儿，前后院房顶上，黑压压地站满了骑兵营的战士们。这时，前院有个伪军拿了个大筛子出来给牲口添草。他添完草又回房，前脚刚跨进门槛，李林眼疾手快，顺势甩出一颗手榴弹，"轰"的一声，手榴弹和伪军一块儿进了门。

前后院一齐开了火，机枪、步枪齐声怒吼，战士们把手榴弹顺烟囱塞进去，火炕炸了个底朝天，鬼子鬼哭狼嚎，一片混乱。

战士们纷纷从房顶上跳进院子，机枪封锁了房门，打得鬼子无路可逃，活着的都举手缴枪当了俘虏。

李林顺着过道直奔后院。鬼子小队长正提着枪往外跑，李林抬手一枪，鬼子小队长一头栽倒在李林跟前，后面一个鬼子转身往回跑，也挨了李林两枪，和他的长官一同一命呜呼了。

这场战斗只用了半个钟头，就胜利结束了。骑兵营一刻也不耽搁，按预订的方案以最快的速度返回了二十边村。

骑兵营军事上的胜利给绥南工作团赢得了时间。在很短的时期内，绥南的工作得到恢复和发展，取得了喜人的成果。

骑兵营胜利地完成了上级交给的任务，护送工作团的同志安全返回了右玉县南山区。

李林用自己的成绩证明了，她已经成长为一个经验丰富的军事指挥员。

➡ 组织干训班

★★★★★

（22岁）

1938 年 7 月底，为了加强对新开辟的晋绥
边抗日游击根据地的领导，成立了晋绥边区工
作委员会，一二〇师政治委员、北方局委员关
向应亲自提名，调李林到边委工作，兼管边区
地方武装。

尽管李林非常舍不得离开她一手组建并战
斗过的骑兵营，骑兵营就像她的孩子一样，她
对它有着难以割舍的感情，情同老父的老蒙岳，
并肩作战的王零余，还有那些勇敢可爱的战友
们……但是作为一个共产党员，要服从组织的
安排，李林深深明白这一点。

8 月的一天，李林告别了战友，告别了骑
兵营，来到了新的工作岗位上，她现在已经是
晋绥边区工作委员会的宣传委员。

来到边委不久，李林就感到，地方工作远比军队复杂。

全区那么大一片地方，少说也有上千个村子，边委总共七八个人，顾此失彼。而且日寇的清剿队和汉奸清乡队都相当活跃，有时边委刚进一个村，他们随后就来了，撵得同志们一夜转移两三个地方。

怎样才能摆脱这种被动局面呢？边委会决定：立即举办干训班。村村寨寨都有了抗日的骨干，群众才能筑成铜墙铁壁，这是巩固和发展晋绥边抗日游击根据地的一项重大建设。特委还任命李林为干训班的主要负责人。

处于敌后的战争环境，不断受到日寇的扫荡，物质生活又极其艰苦。在这种条件下，办干训班谈何容易！但是李林对待困难的态度从来是积极乐观的。没有条件要去创造条件，为了边区的今天和明天，为了把学员们真正培养成抗日的中坚、革命的火种，李林付出了自己的全部心血。

学员们从全区四面八方来了。他们当中，有农民，有学生，有背炭的工人，大多数是些年轻人。李林一个一个地找他们谈心，了解他们的家庭情况、个人经历、性格脾气。深入细致地了解每一个学员，尽量做到因材施教，这是李林的一贯作风。

干训班的生活紧张、艰苦。学员们分散住在老乡家，天不亮，就搞军事操练。上午，帮老乡搞生产、砍柴、担水。其余的时间，上课学习、讨论。

为了躲避敌人的扫荡，干训班不得不东跑西颠。有时一夜转移好几次。李林经常睡不上一个囫囵觉。

每当学生都已进入了梦乡，而他们的老师，却还趴在小炕桌上，辛勤地备课。灯光下，一本《论持久战》的油印小册子赫然放在桌角上，李林在奋笔疾书。粗糙的麻纸上出现了一行行刚劲秀丽的字迹。她把对真理的深刻信仰，对学员的赤诚心愿，都融入到字里行间。

李林孜孜不倦地工作着，她每天睡得很少，但却起得很早。每天清晨，学员都能见到他们的李委员，迎着初冬的寒霜，在山梁上纵马飞奔，大家都知道，她在练马。

李林的一言一行，学员们都看在眼里，他们打心眼里敬佩她。榜样的力量是无穷的，干训班里洋溢着高昂的革命热情，人人都在刻苦学习，学唱革命歌曲。

李林在学员成长道路上，尤其是学员的思想认识上，给予了他们适时的教育和引导，为他们迅速成长为我党的骨干力量付出了艰辛的努力。

学员武志田，是平鲁县杨高后山村人。在鬼子扫荡时，家被毁了，家里的老娘和幼弟只好寄住在别人家里。武志田听到这个消息，对敌人的仇恨涌上心头，他马上找到李林，要求让他回家报仇。

李林问他，回去后，仇怎么报？武志田一下子给问住了。李林告诉他回去只能是去送死。武志田气得不得了，却又无可奈何，可心里头却憋得难受。

李林让武志田跟她出去转转，散散心。

李林走着走着，就带着小武拐进了村里计大娘家。

李林似乎忘了小武的事，和计大娘唠起了家常话。李林慢慢把话题引到了朔县城的大屠杀。她让大娘讲讲事情的经过。刚才笑容满面的计大娘脸色一下子就变了。计大娘在李林的请求下，给他们讲了那次大屠杀的经过。那次大屠杀，计大娘一家十三口人，就有十口人惨遭杀害。只剩下二儿子大成背着她从死人堆里爬了出来。计大娘说着说着已是泪流满面，小武也不禁眼睛红了。

李林忍住泪水对大娘说："大娘，您现在就大成一个儿子，把他从部队叫回来，照顾您老好不好？"

"你说什么？"计大娘感到奇怪，"不杀光鬼子，就没有咱老百姓的活路，儿子守着娘，还不是一起叫鬼子杀死？从朔县城逃到这里落了脚，我第一件事，就是把大成送到游击队。告诉他，不杀光鬼子，甭回来见娘！"

小武心里一动，露出沉思的表情。

回去的路上，小武对李林说："李委员，我错了。"

李林说："我能理解你的心情，你没有错，只是你想得还不够宽广。小武啊，你现在已经不是一个普通的老百姓了，而是一名抗日的干部。你不能只记挂一家一户，而要为千千万万的受苦受难的人们去战斗，他们都是我们的亲人啊！任何时候，都不要忘记一个革命战士光荣的责任！"

针对小武的情况，李林没有生硬地去讲大道理，而是用身边活生生的例子来触动他，从而达到教育的目的。

过了两天，李林派出去的"交通"也回来了，还带回来小武娘的口信：家里的土窑已经修好了，县政府还特意送来了籽种，贫救会帮助种上了地。小武娘要小武安心在外边干事，多杀鬼子，甭给娘丢脸。

打那以后，小武变得比先前更积极起来，也更加坚定革命的决心。毕业后，他担任了平鲁县二区的农会主任。不久，又当了区委书记。1942年，在一次反扫荡的战斗中，英勇牺牲了。人们从烈士的身上找到了一件遗物，这就是在干训班发的油印小册子《论持久战》，书的扉面上写着李林的赠语："勇敢坚定，革命到底。"

还有一个学员胡敏，李林在她的成长历程上，也颇下了一番工夫。

胡敏，是旧社会的童养媳，大字不识一个。刚来干训班时，别人听课作笔记，她干着急，别人讨论发言，她红着脸不说话。时间久了，她越来越不自信了。

李林发现后，叫她和自己睡一条炕，天天给她吃小灶，还单独给她编了一本识字课本，教她学文化、写字。并时常给她讲革命道理。

过了两个多月，胡敏已经能写简单的笔记，还能在群众会上讲话了。说起这讲话，还有个小故事呢。

那天，干训班到了西短川，准备在村里开大会。会场上，男女老少黑压压地站了一大片，大会马上要开始了，可是演讲人胡敏，却还在会场外面转圈，丢三落四地背着台词，心里面越紧张越背不好。

为什么要让胡敏在群众会上讲话呢？这是李林的主意，她有意让胡敏锻炼锻炼。

怎么办？胡敏紧咬着嘴唇，几乎要哭出来了。

忽然，一只温暖的手搭到她肩上。一回头，看见李林亲切与鼓励的脸庞。

"怎么样，快上场了。"李林说。

"我不成。"胡敏灰心极了，"词儿都忘了。"

"不要慌嘛。"李林却一点也不着急。停了片刻，看到胡敏稍微平静了一些，才不紧不慢地问道："日本鬼子来了，你恨不恨？"

"咋不恨？"胡敏仍然低着头，心不在焉地回答。

"那我们是等着当亡国奴呢，还是拿起刀枪跟他们干？"

"这还用说？跟他们干呗！"

"咋干？就靠你一个人？"

"靠我一个人顶啥事？"胡敏有点茫然了，李委员问这些干啥呀？考我吗？她想了想，反问道："你不是常说，全中国的老百姓都起来，日本鬼子就像一匹野牛闯入火阵，烧也要把它烧死吗？抗日嘛，得靠发动老百姓。"

李林笑了："瞧，道理你全懂，也会讲。行了，快上台吧，大家都等着你呢。"

在热烈的掌声中，胡敏涨红了脸，挪不动步子了。李林轻轻地推了她一把，把她推到了中间。

学员们以后一直开玩笑，说胡敏第一次演讲是让李委员给推上去的。是的，这轻轻的一推，包含着多么深厚的阶级感情和信任啊。

李林对胡敏这样不够自信的学员，总是循循善诱，帮助学员建立自信心，真正做到了因材施教。

胡敏毕业后，分配到山阴县当了妇救会主任。不久，在李林的介绍下入了党。1940年4月初，这个旧社会的童养媳，又幸运地被选送到延安，去作进一步的学习和深造。临走时，李林送给她三件礼物：一块银元（让她买一本"联共党史"好好学习）、一本笔记本和一块墨绿色的被面。胡敏舍不得离开李林，哭了。李林安慰她说："等胜利那天，我们在延安相会。"

李林负责的干训班，接连办了四期，先后培训了二百多名学员。这些学员一走出干训班，就挑起了区、县两级领导抗日的重担，他们的足迹踏遍了边区的各个角落。

⊕ 革命亲娘

★★★★★

（22岁）

几年前，满怀革命斗志的李林，选择做一名抗日救亡的无产阶级战士，她离开母亲，离开生养她的故乡，来到塞北，并义无反顾地投入了党的怀抱，成长为一名富有影响力的社会活动家和经验丰富的军事指挥员。虽然远离母亲，但在这里，她不缺少亲情，这里的百姓敬爱她、关心她，她在这里有了一位"革命亲娘"。

说起李林的这位"干妈"，那还得从李林在骑兵营时说起。

李林和王零余率领的骑兵营，在掩护绥南工作团回雁北的路上，顺手牵羊，袭击了平绥线上的洪沙坝车站，把鬼子一个小队，打得屁滚尿流。但在战斗快结束的时候，一个垂死挣扎的敌人，向骑兵营二连长鲁尚明的背后开了一枪，鲁尚明英勇牺牲了。

为了安抚烈士的家属，李林特意来到了烈士的家沈庄窝。

鲁妈妈早年守寡，靠讨饭和给财主家做饭，才把三个孩子抚养长大。当她听到儿子牺牲的消息，只是无声地流着痛苦的眼泪。

第二天早上，李林要离开了，她拉着鲁妈妈的手，说："大娘，我走了。还有什么要求，您老尽管说。"

只是一夜的工夫，鲁妈妈似乎一下子苍老了许多，眼睛红肿着，但是神情却分外的平静、坚毅。她拉过二儿子鲁尚志，对李林说：

"李委员，昨儿夜里，我前前后后都想过了。当儿子的，为了抗日，死是值得的。我这当妈的，也要有骨气，对得起儿子。"她深深吐出了一口气，继续说道："我只有一个心愿，叫二小子尚志跟着你走吧！"

李林眼睛湿润了，她被鲁妈妈高尚的情操深深打动了，她一把抱住了鲁妈妈，深情地喊道："妈妈！我的好妈妈！"

从此，鲁妈妈多了一个革命的女儿——李林，而李林，在远离故土的塞北有了一位"革命亲娘"。

这"干妈"对待李林，真是跟亲妈一样好。李林的冷热病痛，都在她心头挂着。有了好吃的东西，哪怕是一碗荞面，几只干辣椒，自己和儿子小牛子一口也舍不得吃，都给李林留着。看到李林入了冬还没有袜子穿，一双光脚板冻得血糊糊的，她心疼得直掉眼泪。

为了不耽误李林的行动，就连夜在麻油灯下穿针引线，直到东方发白，给李林连夜赶制了一双棉袜子。这双袜子，用掉了妈妈珍藏的二尺土白布，里面的棉絮，是从妈妈身上的烂棉袄中抽出来的。看到李林的鞋子烂了，她就给李林做了一双新的爬山鞋，托人辗转送到了李林的手上。

鲁妈妈不仅给李林缝袜纳鞋，还给李林放哨、送信，串联穷乡亲参加抗日。鲁妈妈的家成了边委的秘密交通站。

一次，李林化装成农村妇女，带着通讯员二和子从王老沟走来。她要到南祖村的特委，汇报边委干训班的工作，路过沈庄窝，顺便看望干妈。她没有想到，她被汉奸发现了。

李林宁愿牺牲自己，也不能连累干妈和小牛子！李林当机立断，作出了决定，她猛地抽出双枪，上了子弹，准备同敌人血拼。

鲁妈妈扑上来，把李林拉到家里的地道，硬逼着李林赶紧撤离。

敌人没抓住李林，就严刑拷打鲁妈妈，他们简直就是一群畜生，对手无寸铁的年迈老人动用了肉刑，鲁妈妈几次昏死过去，但她咬紧牙关，就说三个字"不知道"。敌人见实在问不出什么来，就灰溜溜地走了。

李林再次见到鲁妈妈时，她扑到妈妈的怀里，哭了。鲁妈妈反倒安慰李林："好闺女，革命哪有不流血的。"说着，擦去李林脸上的泪水。

"孩子，去吧，不用担心我，我还硬朗，照样还能干工作。"

正是有了这无数鲁妈妈的坚定的支持，无数的李林们才不惜抛头颅，洒热血，将革命进行到底。

⊙→ 坚守原则

★★★★★

（22 岁）

1938 年初冬，特委接到一封信，信中上级明确指示：国民党友军正回雁北，让雁北党把各个县的抗日民主政权让给他们，以消除他们的顾虑，促进国共两党的统一战线。

李林拿着信纸，在老赵面前使劲挥动着："怎么能这样呢？为了建立雁北地区的抗日根据地，我们付出了多少艰辛和努力，有多少同志把热血洒在这块土地上，凭什么要白白拱手送给这些不劳而获的家伙？"

"说得好！可是我们要是不按照信上要求的做呢？"老赵反问道。

李林愣了一下，然后马上就明白了老赵的意思。

"你是说，我们要逆势而上，不能执行这封信里的指示？"

"不完全是这样，你说对了一半。这封信还要拿到边委会上讨论，听取大家的意见，至于上级为什么发这样的指示，我们一时还弄不清楚。但我们要牢记一条宗旨：抗日高于一切。我们要保持清醒的头脑。"

在边委会上，李林怎么也想不到，竟会有人拥护这封信的内容，赞成把抗日军民用鲜血换来的战斗果实，送给躲在后方的国民党！

持这种观点的同志虽然不多，但他们固执己见，不顾事实，硬说国民党也是抗日的，把政权交给他们，就是交给友军；如果我们独揽大权，就会吓跑了友军。听他们这么一说，国民党倒成了抗日的功臣。

李林越听越气愤，她简直不明白，这些同志喝了什么迷魂汤，是什么迷住了他们的眼睛，竟然看不清每一个有良心的老百姓都看得一清二楚的事实？

她挺身而出，严词力陈：

"同志们，抗战开始，国民党闻风而逃，丢了半壁江山，而共产党、八路军挺进敌后，奋勇作战，才有了今天的晋绥边抗日游击根据地，这难道不是事实？

国民党抗战，我们欢迎。但从雁北抗战以来，他们在这里打了几仗？流了几滴血？收复了几座城市？歼灭了几个鬼子？

现在，他们把手伸到雁北来是为了抗日，还是为了什么？如果领导权交给他们，抗日的前途还有什么保证？"

李林义正词严的驳斥，得到了大多数同志的赞同。但没有使那些执迷不悟的人觉醒。他们用王明的"一切通过统一战线，一切服从统一战线"来压人。

当时，王明从莫斯科回来，既打着"共产国际"的旗号，又戴着"党内权威理论家"的桂冠，经常在党的内部刊物上发表长篇文章，在一般的党员干部中，颇具迷惑力。既然是王明同志的指示，那还说什么呢？许多同志虽然想不通，也默认了。老赵也阴沉着脸，觉得事情挺棘手，不好办。

跟同志们一样，李林也感到迷惘。对于王明，当时她是尊敬的，对于上级党委，她是信任的，但是严酷的事实又告诉她：信里的话是错的，让出政权，那是投降！

怎么办呢？在艰苦的革命斗争中，在恶劣的生存条件下，从未犹豫退缩的李林，第一次感到彷徨和犹豫。

见大家都保持缄默，老赵作出了决定：

"既然意见分歧，无法统一，我们来表决吧。同意把政权让给国民党的，请举手。"

韩雁首先举起了手。一些同志出于无奈，也犹犹豫豫地举起了手。

只剩下李林一个人还在沉默着。她似乎很痛苦。她的眼前闪过了一连串的镜头：同太路上被敌机炸死的婴儿；偏关城头梁雷同志的头颅；老蒙岳投军的动人情景；鲁妈妈苍老而坚贞的面孔……同时，这位英雄母亲深沉的嘱托，在耳旁响起："只要有你们在，咱老百姓就有指望……"还有，自己的革命抱负。

"呼"地一声，她推开炕桌站了起来。

"我不同意!"

所有人都转过身子看着她。各种各样的眼光:有希望，有赞许，有惊异，有忧郁。

韩雁冷冷地问："李林同志，你是有意不执行上级的命令吗？"

像韩雁这种唯上级是听的党员，缺乏对真理的坚定追求。

李林冷静地、坚决地回答说："作为下级，在组织上我服从上级的命令。但作为一个共产党员，对这个指示我有保留。"

接着，她提出了如下建议："国民党各县政府回雁北，这是无法制止的，因为上级党委已经作出了初步的决定。但让出政权，却不能让出领导权，这是一个原则问题，决不能有半点含糊! 我们党要牢牢掌握对边区抗日武装的领导权。有了这一条，即使国民党捣乱，也奈何不得我们。

特委研究后认为，李林的建议，既在形式上执行了上级的指示，又将我党的损失降到了最低的限度，是目前最客观合理的办法。特委决定采纳李林的建议。

李林坚持的主张，使我党得以在雁北边区保存有生力量，有了同国民党抗衡的资本。

→ 无烟的战场

★★★★★

（22岁）

1938年冬，由于王明的错误指示，坐享其成的国民党老爷们又都回到各县走马上任了。

不出李林和同志们所料，国民党这次卷土重来，抗日是假，挟制共产党是真。

一上台，这些居心不良的家伙们就网罗伪警、老财子弟、市井无赖，拼凑反革命的武装。而他们的枪口，一不对准日寇，二不清除内奸，却专门骚扰百姓，刁难民众团体，甚而散布谣言，制造事端，破坏八路军的威信，克扣游击队的口粮。

平鲁县的国民党县长蒋思恩，尤其反动，上任不久，就向全县的工、农、青、妇抗日民众团体开刀，妄图通过取消抗日基层组织，达到限制八路军抗日的卑鄙目的。

边委坚持原则，寸步不让。李林亲自去平鲁，与蒋思恩进行面对面的斗争。

李林一到平鲁城，马上找来县委的老李和于洪两位同志商量对策。

他们告诉李林，县委不理会蒋思恩那一套，他当他的县长，我们干我们的抗日。群众大多站在我们一边。虽然蒋思恩委派了不少区长、乡长，可没人听他们的。蒋思恩当然不甘心失败，利用手中的权力，准备在明天的群众大会上，宣布解散民众团体。这一手倒很毒辣。

李林听完汇报，详细掌握了情况，周密地分析了形势，提出了自己的想法：

"我们决不能以损害群众利益为代价，来换取同国民党的合作。只有坚持原则，坚持斗争，才能取得抗战的胜利。"

老李和于洪都频频点头。老李急着明天的大会，就忙问："那解散团体的事咋对付？"

李林想了想，说："我们这里还是游击区，比不上根据地，与敌占区犬牙交错，敌人常来，骚扰频繁。前一段，村干部和民众团体过于公开了，敌人一来，损失太大。现在蒋思恩要解散团体，我们倒不如来个顺水推舟，同意解散。"

"同意解散？"于洪惊讶地张大了嘴巴。老李急了："那不成投降主义了？！"

李林看着他们，微微笑了笑：

"解散有各种解散法。如果真解散，那是不折不扣的投降，但我们却是假解散，而实际组织还存在，这就叫'名亡实存'。"

于洪领悟了李林的意思，老李却还没转过弯子。"公开解散，实际不解散，这里有啥名堂？"

李林引导说："各村的团体都有个花名册，有个农救会、妇救会、青救会的牌子，还有个主任、委员的头衔吗？"

老李点点头说是。

"我们把这些职称都去掉，工作照样做。每个群众都是会员，名称没有了，实质没有变。更重要的是，我们党一时一刻也没有放松对群众的具体领导。"

老李这下明白了，高兴地说：

"蒋思恩的算盘又打错了，县太爷又叫咱给哄了。"

第二天，平鲁县群众大会召开了。各乡、各区的干部提前听取了县委的布置，心里都有了底，在开会前就一个个地和本村骨干秘密地传达了县委的指示精神。

县长蒋思恩在台上装腔作势向群众讲话：

"老乡们，老乡们，静一静! 现在是抗战时期，大敌当前，你们都要做一个安分守法的百姓，万不可擅自妄为。鉴于本县的治安，为了以利抗战，本县长特此决定:全县的民众团体从即日起，一律解散……"底下的话一句也听不清了，人们一听到解散的事，都吵吵开了。

这时，李林在人们期待的目光中来到台前，挥了挥手，台下顿时肃静。她用炯炯有神的两眼环顾了一下台下的群众，开始讲话:

"乡亲们，刚才蒋县长讲了，现在是抗日时期，大敌当前，那我们每个老百姓应该守什么法? 安什么分呢? 有这样一句古话:'国家兴亡，匹夫有责!'就是说打日本，是每个中国人的本分，团结抗日，是今天最高的法。谁不尽这个本分，谁就不是一个真正的中国人，谁要破坏这个法，谁就是汉奸，我们就要把他们铲除掉。你们同意吗?"

随着李林一个有力的手势，台下发出一阵掌声。蒋思恩在台上很不自在，又不好发作，气得脸都红了。

李林接着讲下去:"刚才蒋县长宣布了解散民众团体，乡亲们看来有意见。我想蒋县长这样做有他自己的'苦心'。可大家该怎么办呢? 你们是真正的英雄，你们的力量是谁也阻挡不住的!你们要抗战,蒋县长怎么能不'支持'呢? 他不是在讲'抗日'嘛!"讲到这里，人群里发出一片笑声。

蒋思恩的阴谋破产了。

李林很好地完成了上级交给她的任务。事后，地委一位负责同志到延安汇报工作，汇报到雁北党创举的这个"没有组织形式的组织"时，得到了中央领导同志的支持和赞扬。

一波刚平，一波又起。

李林多次在会议上提出：丧失警惕就会给抗日带来损失。国民党抗日，完全出于无奈，一遇风吹草动，随时都可能背叛革命。

但韩雁等人依然执迷不悟，他们被王明"一切通过统一战线，一切服从统一战线"的不正确的指导麻痹了头脑，失去了对革命形势的正确判断，一意孤行，终于出了问题。

国民党新县长李进是个极端反动的家伙，想方设法破坏抗日。李进到了大怀左，提出要取消民众团体，韩雁照办了。李进得寸进尺，又提出要解散抗日游击队。韩雁不顾当地县委大多数同志的反对，瞒着边委，遣散了游击队，并把武器弹药交给了李进。

破坏了抗日有生力量的李进，终于撕去了伪装的面具，露出了凶残的本相。他利用韩雁的右倾麻痹思想，武装绑架了县动委会的辛生美、孟继成等同志，并加以严刑拷打。辛生美同志没有牺牲在鬼子的屠刀下，反而丧生在这些口口声声谈抗日的"友军"手里。李进的倒行逆施，致使大怀左地区的抗日工作遭受了很大的损失。

在与国民党的联席会议上，李林和其他同志一道，与李进展开了面对面的斗争。

李进百般狡辩，企图抵赖罪行。李林拍案而起，把辛生美同志的血衣提到李进面前，并将他们绑架与残害抗日干部的经过一一加以披露。当场把李进责问得张口结舌，狼狈不堪。

在物证面前，李进不得不低头认罪。但又借口孟继成已被解送到兴县，拒不交出孟继成同志。

"官司"一直打到兴县（当时，阎锡山及其反动幕僚躲在兴县）。由于边委和牺盟总会坚持不懈地斗争，迫使国民党作出了让步，孟继成同志终于获释，回到了延安。

寒冬必将远去，春风终会来临。

1939 年末，中共中央召开六届六中全会，毛主席在会上严厉地批判了王明的"左"倾机会主义路线，再次明确了毛泽东在抗日战争中的领导地位。

特委的同志们得知此消息后，欣喜万分。

李林回到住处，激动的心情久久不能平静。她愤怒地把王明的小册子《抗战胜利的唯一保证》，扔进了熊熊燃烧的灶火里。

她坐在灶火旁，火光映红了她年轻的脸庞，她坚信：风雨之后现彩虹，真理将战胜一切。

→ 针锋相对

（23岁）

1939年春天，阎锡山在陕西省秋林镇召开的"高干会议"（史称"秋林会议"。参加这个会的，一方面是阎锡山的文武官员，另一方面是新军和各地区牺盟会负责人）。会议是阎锡山阴谋打击新军，取消牺盟会等抗日进步团体，为顽固派对日军妥协投降铺平道路而召开的。这是一次反对进步、反对团结、反对抗战的会议。

在会上，阎锡山大肆诬蔑八路军"游而不击"，竭力散布投降言论，胡说"抗战已到了顶峰，不能再抗了"，要"无条件存在"。这次会议，揭开了国民党制造摩擦、积极反共的序幕。

李林是会议的特邀代表。在会上，李林根据薄一波、牛荫冠的安排，当着阎锡山的面作了两次重要发言。

面对山西省的土皇帝阎锡山和他阵势庞大的反动幕僚、军政官员，李林毫不畏惧，摆事实，讲道理，慷慨陈词，以亲身经历和所见所闻介绍了牺盟会抗日游击队和八路军同日伪军浴血奋战的事迹，驳斥了顽固派散布的新军和八路军"游而不击"、"扰民害民"等谰言。

在第二次发言中，她针对会上顽固派诬蔑新军和牺盟会是"狐狸尾巴藏不住"的攻击，抑制不住受冤屈的激动之情，悲愤的泪水夺眶而出，大声疾呼："牺盟会决死队和八路军并肩战斗，不怕牺牲，奋勇杀敌，我们历尽艰险同敌人浴血奋战，敌人曾悬赏5000元的巨款要我的头颅，可是今天换来的却是一个狐狸的名声……我，受不了这样的糟蹋，我们到底做了哪些见不得人的事，你们说出来嘛！"

在李林义正词严的质问下，会场上寂无人声，许多顽固派分子低下了头，阎锡山也无可奈何地闭上双眼。李林在一个多小时的发言中，给了顽固派以迎头痛击，博得了一切正义人士的赞赏，引起了会议极大的震动。会后，牺盟总会的报纸《牺牲救国》用专版对李林作了介绍。

李林在会上出了名，一些记者围住她，又是拍照，又是采访。可是国民党的反动分子对她怀恨在心。阎锡山打发人捎话给李林，又是威胁，又是利诱。

"听说你在雁北杀人过多，这不好哇！有没有错杀的？"来人阴险地看着李林。

"请转告阎长官，我杀的都是贪官污吏、汉奸卖国贼，不杀不足以平民愤。"

李林轻蔑地一笑，义正词严地回答道。

"你年轻有为，人才难得，阎长官很器重你，只要你识时务，前途无量呀。"来人见硬的不行，又来软的。

李林冷冷地看了来者一眼，她正言相告："我是一个普通的抗日青年。个人的前途，从不考虑，国家的危亡，时刻挂在心头。"

来人讨了个没趣，只好悻悻走了。

这个会议，给李林一个感觉：国民党又在策划新的反共阴谋了！

果然不久，上级传来了毛主席的指示：天要下雨了，阎锡山在准备雨伞，你们也要准备雨伞。

毛主席的话提醒了全党。雁北边委提高了警惕，密切注视事态的发展，看国民党究竟如何动作。

国民党已不再遮盖他们的反共嘴脸，他们公开喊出反共口号："饿死八路军，困死八路军，挤走八路军。"他们甚至使用卑劣的手段收买共产党员，杀害共产党干部。

8月，阎锡山打着抗日旗号，派了两个人到雁北来，名曰"扩军"，暗中却干着不可告人的勾当。他们收买了边委政卫连副指导员戎占峰，企图发动兵变，拉走政卫连。但事情被连长朱子清察觉，为了杀人灭口，他们下了毒手，杀害了朱子清。事情查清后，李林亲手枪决了戎占峰这个败类。边委驱逐了那两个奸细，并向阎锡山提出了严正的抗议。

风波过去了，但李林的心里并不平静。她认为，这件事的发生绝不是孤立的、偶然的，它是国民党精心策划的反共阴谋中的一个环节。斗争，不是从这里开始，更不会到此结束。

边委研究决定，主动出击，抓住战机，开展有利、有理、有节的斗争，推动整个抗日形势的发展。

8月的一个黄昏，在边委的指示下，李林带领平鲁县委的同志们组织了一个斗争会，斗争国民党区长宋有旺。

宋有旺是个铁心反共的家伙，他搜刮民脂民膏，还不断地制造摩擦，反共反人民，民愤极大。边委决定拿他开刀，杀一儆百，挫一挫国民党顽固派的威风。

李林提前来到平鲁县，与县农救会、妇救会等组织的负责人，研究部署了这次斗争。大家分头下去，发动群众。

十里八村的老百姓听说斗争宋有旺，都非常踊跃，他们恨死了这个地头蛇。很快，在李林他们组织下，把宋有旺家围了个水泄不通。

宋有旺被这突如其来的阵势吓坏了，在群众的怒吼声中，强打精神，来到院子里。这个外强中干的家伙，这时候还硬拿着区长的臭架子，皮笑肉不笑地向人群问道：

"乡亲们到此，不知有、有何贵干？"

"你自己清楚！还不低头认罪，摆什么臭架子。"

这时，一个响亮的声音，从人群中传出。宋有旺心里猛一惊，抬眼望去，只见人群让出一条小道，李林头戴一顶大草帽，腰插双枪，径直走到他面前。宋有旺的眼光，溜到李林的枪口上，心里怦怦直跳，吓得腿都软了。

李林目光冷峻地扫一眼面前的宋有旺，转身面对人群，宣布"说理大会"现在开始，让人们公开评一评宋有旺是真抗日，还是假抗日。

妇救会的姑娘、大嫂们，青救会的后生们，还有窑工、老佃农，许许多多受宋有旺欺压的群众，纷纷挤出人群，站在石阶上，数说宋有旺破坏抗日，制造摩擦的罪状。

示众的宋有旺，像散了架的黄瓜蔓，摊在地上，脸上直冒汗，昔日的威风，一扫而光。

李林走近他，大声问："宋有旺，刚才乡亲们说的那些，是不是事实？"

"是、是……"

"有没有冤枉了你？"

"没、没冤枉……"宋有旺结结巴巴地承认了假抗日真反共的罪行。

"我代表乡亲们和边委会，跟随你摆摆条件。一、必须执行边区的抗日政策，不许向老百姓派粮、派款。二、不许再扣八路军、游击队的口粮。三、不许再造谣生事，制造'摩擦'，分裂抗日队伍。这三条能做到吗？"

"能、能……"宋有旺此时像瘪了的茄子，蔫头耷脑地只顾点头了。乡亲们看了，又觉得好笑，又觉得痛快。

"说理"斗争，达到了预期的目的。打这以后，边区的顽固派有所收敛了。连那些跟在屁股后头瞎转转的地痞老财，也没了想头，只好悄悄地夹起了尾巴。

➡ 粉碎大"扫荡"

★★★★★

（23岁）

1939 年深秋，日本侵略者又开始了对边区的第七次大"扫荡"。

大同、绥远的日军，面对前线战场上的节节失利，开始重新调整侵略部署。为了巩固"后方"，加强对平绥线、同蒲线及沿线占领区的统治，实现所谓"高度防共区域"、"反共特区"，他们调动了大量兵力，对晋绥边区推行了惨无人道的"施政跃进运动"。

　　敌人的炮楼林立，设立的关卡重重。"扫荡"、"蚕食"、"三光政策"三位一体。抓不到抗日干部，就向手无寸铁的群众下手，无数的妇女、老人、儿童惨死在敌人的屠刀下。

　　战争的阴云，笼罩在洪涛山的上空。

　　这次"扫荡"，不同以往。一是人数多，二是

△ 李林跃马征战的洪涛山林

范围广，三是行动诡秘。事先悄悄地将朔县之敌调到神头、马邑；平鲁之敌调到井坪、增子坊；左云之敌调到吴家窑，共集中了4000兵力，把洪涛山周围的几十个村子，像箍桶一样箍了一圈，水泄不通。敌人这次是豁出了老本，决心要一口吞掉边区的首脑机关及六支队主力。

一天傍晚，鬼子突然从六个据点，兵分七路，径直向洪涛山扑来。出发前，鬼子将马蹄裹上草，刺刀涂上泥，队伍静悄悄的，在夜色中很难发现敌人的行迹。敌人为了这次"扫荡"效果更好，对外封锁了一切消息，致使我们的内线得知情报，已经有点迟了。

李林接到通讯员老杨送来的情报，立刻双眉紧锁。

情况确实严重。据情报，敌人这次是倾巢出动，兵力大于我们六七倍。山口要道，都已被他们严密封锁，东水头村的地委、水泉村的六支队、连同边委机关，全部陷在鬼子的包围圈内。况且鬼子又是突然袭击，来势凶猛，根据计算，第二天下午，住地附近的大、小山头就会布满敌人。这一切，使我们陷入极大的被动。如果计划不周，行动疏忽，严重的后果，将不堪设想。

李林背着手，在地上来回踱着，手里的情报已被揉成了纸团。

李林突然停下来，叫住了正准备离开的老杨："老杨，岱岳镇据点里，还留下了多少敌人？"

"鬼子的一个小队，伪军有一个排的样子。"

"据点里还有几门炮？几挺机枪？据点周围，新筑了哪些工事？火车站离据点有多远？"李林又提了一连串的问题，细细地问岱岳镇的情况。

老杨把了解的情况，一五一十地向李林做了汇报。心里却纳闷：李委员是什么意思？情况这样危急，陷在敌人的重重包围之中，应该考虑突围的事呀，这节骨眼上怎么还有闲心去想几十里以外的岱岳镇？

了解完情况，李林就让老杨去休息了。

李林和边委的屈健、柏玉生一起研究方案。柏玉生是个急性子，主张和敌人硬拼；屈健不同意，从敌我双方的实力来看，硬拼无疑是自寻死路。

屈健同志不仅是李林共事多年的同志，他们还是志同道合的革命伉俪。

李林同意屈健的看法，随后又补充道：

"退一步说，即使我们冲出去了，地委和六支队的处境就会更加困难。另外，整个边区仍在敌人的扫荡中，人民群众的生命财产，会受到严重的损失。"

"那你们说怎么办呢？"柏玉生有点急了。

李林俯下身子，用铅笔在标着岱岳的地图上画了一个重重的圆圈，然后合起手掌做了一个有力的手势："我的意见是：打岱岳！"

"打岱岳？"两人一齐不解地看着李林。

"岱岳是敌人铁路沿线的重镇，又是鬼子的一个老巢。昨晚，那里的鬼子已倾巢出动，只留下少数兵力看守。如我们出其不意，绕到他的'后方'去，奇袭岱岳，鬼子定会发慌，掉过去，援救岱岳。这样一来，加上六支队的配合，敌人的扫荡就会不击自垮，洪涛山之围也就不战自解。"

好大胆的设想！屈健和柏玉生立即大加赞同。

接下来，三个人重新俯在地图上，开始研究如何突围，如何选择一个恰当的时间赶到岱岳镇。因为行动稍迟一点，就会难以脱身，如动身太早，又会打草惊蛇。

李林等三人拟定的战斗方案得到了上级的批准。

此时的日军正悄悄地向洪涛山成包围之势压过来。日军总指挥民官井首，骑在高头大马上，用望远镜"欣赏"他的杰作，脸上满是得意之色，似乎已是胜券在握，共产党已是他的囊中之物，他只等着回去请功邀赏了。

李林、屈健和柏玉生率领着边委政卫连，在夜幕的掩护下隐蔽在富汉梁峰脚下。准备在拂晓前赶到岱岳镇，佯攻敌据点，把大同和井首的队伍"牵"过去。六支队配合边委行动，也兵分两路，一路准备伏击井坪之敌，一路在立羊泉牵制增子坊和吴家窑之敌，只等岱岳方面枪声一响，就一齐出击敌军，打乱它的阵势，动摇它的军心，一举粉碎这次扫荡。

午夜，李林率政卫向岱岳方向进发。

队伍时而飞步疾走，时而贴着沟沿，慢慢地挪动。一些战士由于长期吃不到盐，得了夜盲症，他们生怕落下，就拉着前边人的衣角，紧紧地跟在后头。二百来人的队伍，配合得像一个人一样。愚蠢的敌人，自以为布下了天罗地网，他们做梦也没想到，八路军正在敌人的眼皮底下钻了过去。

清晨，游击健儿们终于穿过了敌人最后一道封锁线，来到岱岳镇西的娘娘山。岱岳镇已近在咫尺。偶尔一列火车从岱岳镇开过。据点里的鬼子还在睡梦中呢。

鬼子的哨兵在东大门外，端着枪来回游动着。两个战士顺着墙根摸上去，神不知鬼不觉地干掉了哨兵。

李林把队伍正面摆开，准备好临时攻坚的高梯，专等车站得手，就开始攻打。不一会儿，从镇西车站传来激烈的爆炸声，月台飞上了天，据点里的鬼子从梦中惊醒，纷纷提着裤子拿着枪跑上炮楼。李林举枪向空中鸣射，几个司号兵一起吹响了冲锋号，号声划破清晨的宁静，整个镇子被突来的号声、枪声惊呆了。

李林带着机枪班，爬到据点对面的一座窑顶上。她亲自掌着机枪，向炮楼射击。在机枪的猛烈扫射下，敌人被压得抬不起头来。鬼子小队长西野，死命摇着电话柄，向大同师团部告急求援。

大同日军司令官，接到西野的电话后，立即派了铁甲车支援岱岳。但铁轨已被屈健他们扒了一截，同时又遇到有力的阻击，铁甲车只好退到北周庄车站。司令官下令出动大同仅有的两架飞机，飞到岱岳上空，以振军心。

李林看了看太阳，已有一竿子高了。她又指挥战士们发起一次更加猛烈的冲锋。

敌机来了，开始空袭，炸弹在据点周围爆炸，镇内外浓烟四起，火光冲天，有两个战士受了伤。

柏玉生跃上窑顶，问李林："怎么样？火候差不多了。"

李林抖落掉头上的泥土，抬起被战火硝烟熏黑的脸，镇静地说："洪涛山方面还不见动静，再坚持一会儿。"

司号员又吹起了冲锋号，又一轮的冲锋开始了。随着激越的号声，步枪、机枪、手榴弹、掷弹筒一齐向据点开火。火光里，战士们抬着云梯，冲到高墙下，飞快地攀登而上，用炸药包轰开了一个缺口，与敌人展开了白刃战。双方纠葛到一起，敌机的淫威就无法施展了，它在据点上空盘旋了几圈，就一溜烟回大同交差去了。

正在这时，从西北方向传来了坦克、卡车的轰隆声。扫荡洪涛山的敌人赶回来救援了。

李林兴奋地站起身来："撤！"

战士们迅速地撤出了战斗。

他们前脚刚刚隐没在娘娘山后，鬼子的坦克后脚就开进了岱岳镇。眼前的景象让鬼子目瞪口呆：八路军早就不翼而飞！只给他们留下一片狼藉、还在冒着硝烟的战场！

李林总结了这次粉碎敌人进攻，保卫边区根据地的经验。写了一篇题为《突破敌人的第七次"围剿"》的文章，登载在当时的晋西北区党委机关报《新西北报》上。

李林在文章中充满了胜利的信心和战斗的激情。她写道：

此时新阶段时期，敌人一定会挣扎着他的最后力气向我们进攻，我们不能不警惕着和准备着。总之，我们相信，只要我们坚持下去，我们定会获得最后的胜利。

李林为保卫晋绥边区抗日根据地，立下了汗马功劳。

→ 平鲁除奸

（23 岁）

1939 年 9 月 21 日，日军东条师团侵占了边塞古城——大同。

也就在这个时候，中国共产党晋绥北特委到达了他们的第一个落脚点——平鲁城。

这时的平鲁城一片混乱。日军不断逼近的消息，像一块巨石沉重地压在人们的心头。一些官员、富商争先恐后携带家眷、细软出逃。凡是有办法离开的都走了。

特委一行进了城，濒于绝望的人们忽然看到了一支抗日队伍，不禁喜出望外。远近的镇民、农民纷纷涌过来，将县政府门口围得水泄不通。国民党军队和县太爷临阵怯逃，平鲁城的父老百姓，都把希望寄托在打日寇的这支共产党领导的队伍上。

△ 山西省朔州市平鲁区李林中学（以李林名字命名）

　　特委趁势召开群众大会，宣传了我党的抗日救国十大纲领。李林不顾行军劳累，登台演讲。

　　特委的抗日活动，给平鲁人带来了希望和力量。但也惊动了一个躲在阴暗角落里伺机而动的人物。

此人名叫李树德，原是平鲁县的一个地头蛇。1936年红军东渡黄河抗日时，他正任国民党石楼县县长，因阻击红军有功，阎锡山送他一块亲笔书写的匾，表彰他的反共功绩。这次阎锡山又密令他回到本乡，在八路军和日本人之间两面周旋，必要时宁降日本人，勿让共产党。

李树德回来后，立即纠集了未及逃散的伪警察，以图利用这支反动武装，阻止共产党在平鲁落脚。

李林他们到平鲁，李树德立即前来试探。李林直接告诉他，八路军要与雁北人民共存亡，同日寇血战到底。话不投机，李树德狼狈地回去了。

李树德在李林那儿碰了钉子，但他并不甘心。他明白，共产党是最可怕的敌人，只有趁他们还没有站稳脚跟之前，把他们连根拔掉。他眼珠一转，心生一计。

深夜，劳累了一天的同志们都已酣然入睡了。

突然，院子里响起了一声尖叫：

"日本兵来了！日本兵来了！快跑呀！"

李林马上跳下炕，抓起枕边的小马枪，就冲出门外。

她和刘华香一起，首先喝住了那个狂呼乱叫的人。

那人告诉他们，日本人已经到了三层洞，离城只有20里路了，李树德正领着警局的人员往城外撤退。

"你是怎么知道的？"刘华香冷静地问。

"我是县警局的厨子，怕你们吃亏，特来报信。你们要不信，算我没说。"说着，两手一摆，显得很委屈的样子。

李林打开手电，只见那人满身油污，连鞋也没顾上穿，但却神色镇定，这倒叫人有些将信将疑了。

派去警局打探情况的人回来说的情况，与"厨子"说的完全相同。

院里的气氛变得紧张起来。撤与不撤的问题尖锐地摆在了大家面前。

按李树德的估计，只要特委一听到这个"消息"，就一定会连夜撤出平鲁，而他，将县警队埋伏在南门外，趁夜色较浓，地委又不谙地形，将他们一举消灭。至于如何欺骗全城百姓的视听，他拟好了告示："鉴于这些共产党私通日寇，罪大恶极，证据确凿，已由政府全部正法！"这个家伙真是心狠手辣，既要将共产党置于死地，还要加之以汉奸的罪名！

在这紧要关头，特委没有仓促从事，根据大多数同志的意见，一面火速派人去三层洞打探敌情，一面向全城百姓作动员，并作了掩护群众撤退的应急计划。

"厨子"一看特委没有中计，可急坏了。然而他的过分热情和焦急不安，反倒使他自己露了马脚。李林识破了他的身份。

"厨子"无法抵赖，只得将李树德的阴谋和盘托出。特委的同志们怒不可遏，一致认为必须立即除掉李树德这个大汉奸。

李树德带人在城外守了一夜，不见特委来上钩，情知不妙，天不亮，就带着秘书逃跑了。

李林他们没有逮住李树德，便遣散了县警队，将武器弹药一齐没收，供抗日之用。

为了避开日军主力，特委除留少数同志在这里监听敌情外，大部分人转到山区活动。9月25日，日寇的坦克驶进了平鲁城。

李林和同志们来到平鲁北山一带发动群众。想不到冤家路窄，又在这里遇上了李树德。特委根据老乡提供的情况，掌握了李树德卖国投敌的证据，在李树德的一个亲戚家里，将其抓获。

李树德被押出来，刚走到村口，从土岩后面闪出一个人。此人不是别人，正是李林。李林端着马枪，怒视着李树德。

"这，这是干什么……"这个平时穷凶极恶的大汉奸吓得直哆嗦。

"李树德，你这个汉奸！我代表平鲁人民，宣判你的死刑！"

李林说完，用力扣动了扳机。随着枪响，李树德一头栽倒在尘埃里。

李林他们把事先写好的布告，用石头压在李树德尸体旁。这是特委到雁北后的第一张布告。特委向雁北人民宣告，他们是怎样对待民族败类的。

➡ 偏关释囚

★★★★★

（23岁）

特委转移到了与平鲁毗邻的偏关县。

10月中旬，特委在偏关城成立了塞外雁北第一个抗日民主政府。县长是梁雷同志。抗日民主政府一成立就马上发布了一系列抗日新政策，免除苛捐杂税，成立民众团体，实行减租减息，得到了广大群众的一致拥护。

一天，李林和各民众团体的代表，带领着几百群众，来到县监狱，砸开大狱，释放囚犯。

在国民党统治下的监狱里，关押的绝大多数是劳苦大众。他们有的是为生活所逼，铤而走险；有的是不堪忍受地主官府的欺压，起来反抗的。抗日民主政府有责任砸碎这地狱，将受迫害的阶级兄弟解放出来。

有些群众见到了被折磨的亲人，痛心地哭泣，囚犯们听说自己已经获得了自由，悲喜交加。群众团体的代表，夹杂在人群中间，一面宣传抗日形势，一面鼓励囚犯们回家后，积极参加抗日工作，为保卫家乡出力。

在开狱前，李林与民众团体的代表，审查了每个人的案情。当她听到"谋杀亲夫"的冤案时，不禁十分气愤。

那还是八年前，偏关城里一件轰动一时的案件。事情的真相是：贫农的女儿张喜凤，因其父欠葛老财的租子无力偿还，被强迫嫁给葛老财的儿子——一个半风瘫的病人为妻。在新婚之夜，张喜凤抗拒暴虐，越窗而逃，偏偏在几天后，葛老财的儿子就病死了。葛老财诬赖张喜凤"谋杀亲夫"，买通官府，将其判了无期徒刑，关进了死囚房。

李林带着妇救会的刘真，从死囚房里把张喜凤救了出来。没想到，八年不见天日的张喜凤在听到这个消息时，竟昏了过去。

李林非常同情这个苦难的姐妹，她获知张喜凤已经没亲人在世了，便决心引导她走上革命的道路，使她成为我们党的战士，抗日的干部。

张喜凤出狱后一直由李林照顾着，经过这些天的耳濡目染，张喜凤也知道了许多大事情，什么日本帝国主义侵略中国啦，什么八路军领导人民抗日啦。她向往八路军，想投身八路军，可又心存疑虑。

"我蹲过大狱，骑毛驴游过街，你们能要我吗？"

"八路军最欢迎苦大仇深的穷人。"

"可有人会说闲话的。别为了我这个不吉利的苦命人，连累了你们的名声。"

李林激动地站了起来：

"喜凤，你难道还不明白，你的苦是谁造成的？"

李林倾心的谈话，深入浅出的解释，扫除了张喜凤心头的阴云，她消瘦的脸上，第一次露出了会心的笑容。

从此，在妇救会的骨干队伍里，又多了一名新的战士。她们与李林一起，白天出入于店铺、作坊、长工屋、学校，或作抗日宣传，或参加群众大会，或张贴传单标语。晚上，就聚在李林的小屋里，学唱歌，学写字，学革命道理。

这些人，后来成了雁北第一批土生土长的抗日女干部，也是特委第一批建党对象。她们，是我党在雁北大地上点燃的第一批革命火种。

李林以她高度的革命觉悟和满腔的革命热情，使革命理想在雁北那偏僻地区的人群中遍地开花。

→ 将军的赞许

（24 岁）

1939 年底，阎锡山不顾全国人民的反分裂反倒退的强烈呼声，对山西人民的抗日武装——新军，悍然发动了突然袭击，从而将国民党的第一次反共高潮推到了顶点。这就是山西抗战史上有名的"晋西事变"。

事变迅速扩展到全省，晋中和晋东南的顽固派，也掉转枪口，大肆屠杀抗日军民，制造了一系列反革命血案。

毛主席向抗日军民发出了"打顽固"的号召。电文传来，军民齐奋起，痛击国民党的反动逆流。

中共晋绥边特委根据晋西北区党委的指示，决定对右玉南山附近四个县的顽固派进行武装反击，这个任务交给边委会，由李林统一指挥。参加反击的武装力量除十八团二营和边委会政卫连外，边特委还指派六支队骑兵营和二营一个连支援。李林把这两部分队伍编为四个分队，作了统一的部署和动员，要求12月底出发，三天内完成突袭顽固派县政府的任务。

李林亲自带一个分队，突袭设在陆家窑的怀仁县顽固派政府这块硬骨头。仅三个小时即抓获顽固派分子十多人，并收缴了枪支弹药、文件档案等。其他三个分队也都按计划完成了反击左云、右玉、平鲁、朔县等五县、区顽固派政府机关的任务。各路人马纷纷取得胜利。边委在红交口村召开了反顽固大会。十八名坚决与人民为敌的国民党顽固分子被处决，得到了应得的下场。

至此，抗日民主政府成立，雁北军民在共产党统一领导下进一步开展抗日游击战争。

1940年初，雁北高原仍然是冰天雪地，寒风凛冽。但根据地的广大群众却都喜气洋洋的。粉碎了国民党第一次反共高潮的边区人民，在东短川村召开了全区代表大会，选举了自己的抗日民主政权——晋绥边区第十一行政专署。李林被选为专署的秘书主任。紧接着，边区的工、农、青、妇各个民众组织，也相继成立。

月底，李林又受雁北人民的委托，到兴县蔡家崖参加了晋西北代表大会。会上，她被连选为晋西北行政公署的委员，并出席了第一次行政会议。

闻名中外的抗日将军贺龙，亲切地会见了李林。一见到她，贺龙师长红润的脸上就漾起了愉快的笑容，幽默地说："欢迎你，我们的女英雄！听说鬼子听了你的名字都怕呢，了不起！"

贺龙师长兴致勃勃地欣赏着菊花青，并让李林骑着它奔驰了一圈。他站在门外的阳坡上，半眯着眼握着烟斗，望着李林气宇轩昂的风姿和菊花青翻飞的四蹄，嘴角上挂着满意的笑容。

回到屋里，贺龙师长拉李林坐在椅子上，自己盘起腿，坐在炕沿边，亲切地问起她的身世，问她在雁北的工作情况，接着向在场的同志们介绍："这是我们的女英雄！一个女同志，回国华侨大学生，来自大城市，能带着骑兵部队与日本鬼子打仗，打出了威风，很不简单！"

贺龙师长时而爽朗地笑着，时而又语调亲切地叮嘱。最后，他问李林，晋西北行署想把她留下来，搞妇女工作，问她的意见如何。

李林说："怎样都可以，我服从组织的决定。但从我个人的愿望说，我还是愿意再返前线。"

贺龙师长那炯炯的眼神，凝视着李林坦然、坚毅的面容，露出了会心的微笑。贺龙师长跳下炕，发出一阵爽朗的笑声："好啊，我支持你！"

贺龙师长勉励李林回雁北后，要不断总结经验，与独立六支队配合，把雁北游击区发展巩固起来，并嘱咐她要提高警惕。李林表示感谢首长的关怀，一定努力把工作做好，不辜负首长的期望。李林常说，贺龙师长的接见，给了她极大鼓舞，是她一生难忘的！

李林告别了贺龙师长，回到了雁北。但将军的音容笑貌如在眼前，将军鼓励的话语似乎还在耳边回响，她决心更加努力地工作和战斗！

李林这样坚定的并在群众中有影响的抗日人士，历来就是敌人的眼中钉、肉中刺，他们采取各种卑劣的手段来达到目的。

一天，一位同志把敌人的一张布告递到李林手里。

悬　赏

赤匪，八路军，女，李林，二十四岁。

伪雁北十一专署秘书主任。特征……。捕获者，皇军大同师团赏蒙疆币伍千元。

李林看完后，随手将它撕成碎片，抛向空中。

敌人妄图用这种伎俩来迫害李林，只能说明他们害怕了，李林的英名已让他们坐立不安了。它丝毫不会影响李林坚定的革命斗志，只能使李林更加坚决地同日本侵略者进行斗争。

➔ 勇挑重任

★★★★★

(24 岁)

1940 年 4 月，日本侵略者又向边区发动了第九次扫荡。

这次扫荡，来势凶猛，规模庞大，超过了以往任何一次。敌人集结了同蒲铁路、平绥铁路沿线的鬼子一万二千余人，直逼边区腹地洪涛山区，撒下的包围圈，包括洪涛山边沿的百十来个村庄，方圆几十公里内，到处可见敌人的刺刀和青天白日旗。

形势非常严峻！

设在乱道沟村的专署指挥部，正在沉着地研究反扫荡的部署。李林向大家报告敌情：

"朔县、岱岳、井坪的敌人正向乱道沟方向迂回，旨在包围地委和专署机关。除了六支队和专署政卫连，住在村里的还有专署办的几个训练班，加上各民众团体、机关人员，我们总共有好几百人，而且大部分没有战斗力。"

同志们都清楚，整个队伍转移，困难确实不少，目标大，战斗力弱。

这时边委几个领导也来了，决定今天晚上向陶小峰、左小峰转移，六支队和政卫连担任掩护，在运动中寻找战机，打击敌人的薄弱环节，突出重围，粉碎敌人第九次"扫荡"。

李林走到地委书记面前说："老赵！我带领政卫连担任后卫。"

老赵没有马上回答，他很清楚，这次突围不比以往，敌人重兵围困，随时都有不能生还的危险。这一点李林也很明白。老赵严肃地看着站在面前的李林，那坚定的目光中有一股势不可挡的力量。

但老赵知道，说服李林把这个工作交给别人，是无论如何也办不到的。从他认识李林到现在，没有任何困难让她犹豫退缩过。她是个说一不二勇往直前的人。

"好吧，有什么困难？"

李林笑了笑："困难嘛，我来克服。"

"马上做好战斗准备，一小时后出发。"地委书记发出了命令。

回到住地，李林抓紧出发前的短暂空隙，扒在炕沿边给不能来参加会议的王化东同志写了信，把形势和任务告诉他。她没有忘记任何一个同志。写好后，交给了交通员。

在朦胧的月色下，大队人马离开了乱道沟，紧急转移。

4月25日，天刚刚黑下来。

突围的队伍顺着山谷向陶小峰、左小峰方向开始急行军。他们在群山中摸索着前进，绕过敌人设置的罗网。

李林策马握枪，目光警惕地巡察四方，带领着政卫连，在后面掩护整个队伍。

午夜时分，队伍走到陶小峰和左小峰村前的沟岔路口。

突然，先头部队传来一阵激烈的枪声。黑暗中，火光闪闪，枪声骤急。队伍中没有作战经验的干训班学员有些发慌，队伍有些乱了。

李林当机立断，指挥学员们卧倒在山谷两旁，命令政卫连拉开距离，前后掩护队伍。自己连忙赶到前边交火处，发觉情况有变。

原来是六支队遇到埋伏的鬼子，双方开了火。黑夜中敌人不摸虚实，不敢恋战，六支队突破了敌人的包围圈，冲出去了，但后面的队伍没有及时跟上，被敌人用火力拦腰截断，与六支队失去了联系。

这样一来，全队的唯一武装力量，就剩下专署政卫连，军事指挥员就留下李林和地委武装部长姜胜两人了。

李林和地委书记简单交换了意见，她果断地命令队伍调转方向，政卫连变成先头部队，向平太村转移，寻找突破口。

当队伍在后半夜到平太村之后，大家都十分劳累，没有惊动老百姓，李林就组织队伍暂时休息一下。

然而，就在他们休息时，队伍陷入了敌人的包围中。

天刚放亮，李林到井台打了一桶井水，想洗把脸。

"砰！砰！"清脆的枪声，划破了宁静的村庄。李林侧耳细听，凭着经验，她立即判断出枪声来自北坡。紧接着，西山上也响起了劈劈啪啪的枪声。

李林从腰间抽出驳壳枪，命令战士集合，自己朝地委歇息处奔去。这时，姜胜迎面跑来，向李林说："李林同志，我们被包围了，四周山上都是鬼子。"

正说着，枪声突然停下来。这异样的、令人不安的沉寂，是个极端危险的信号：敌人开始进攻了！

形势万分紧迫！

李林明白，必须当机立断，冲出去。哪怕要付出极大的伤亡！只要冲出去就是胜利，否则，将全军覆没。

但往哪个方向冲呢？

北坡和西山，敌人居高临下，难以突围。村东，是一条大沟，村南，一溜峡谷，对突围来说，当然是有利地形。李林果断地作出了突围的决定。

"老姜，我带两个排顺东沟冲，掩护大部队向南突围。"

"不行，这样做，你太危险，还是一起突围。"姜胜不同意。

"敌人是四面合围，那样做就会同归于尽。"李林见姜胜还要说什么，急忙制止了他。

"不要争了，以全局为重！"说着，她已经跨上战马。

"等一等！"姜胜追上去，把两排子弹放到李林手里。

眼前这位年轻的战友，为了整体的安全，勇敢地承担了最大的危险。他无法用言语来表达自己的感情，这两排子弹，表达了他对战友的革命深情。

➡ 为国捐躯

★★★★★

（24 岁）

1940 年 4 月 26 日早上，太阳升起来了，笼罩在平太村的雾开始慢慢消散。群山、河谷显出了清晰的轮廓。

发现了目标的敌人，正在缩小包围圈，

封锁了东平太村四周的沟口和道路。

李林带着政卫连迅速进入有利地形，隐蔽在村东场面的大场房后面。

李林观察到南北两面山上的敌人，黑压压的一片。她心里明白：敌人的兵力大于自己十几倍，相持下去十分不利，必须尽快把敌人火力吸引过来，掩护同志们突围出去。

在关键时刻，在党最需要她的时候，为了革命大局，为了让更多的同志能突围出去，李林不顾自己怀有三个月身孕，迎着敌人的枪口，为自己选择了一条悲壮的死之路！她已将个人的生死置之度外，真是令人敬佩！

李林扬起驳壳枪："打！"战士们一齐向两面山上的敌人开火。

敌人居高临下，很是猖狂，子弹"嗖、嗖"地从战士们头顶上飞过。两面山上的火力越来越猛。李林跨上战马，指挥战士们绕过场房，向东突围。

她大喊一声："冲啊！"策马跃入村前深沟，直冲东口。战士们随着冲锋在前的李林，勇敢地向东口突围。

一股股敌人倒在战士们脚下，后面的敌人又压上来，两军展开了白刃战。

李林率领战士们冲入敌人的前沿阵地，马蹄奔跃，刀枪撞击。枪声，炮声，杀声，喊声，混成一片。

经过战士们的猛烈冲杀，鬼子们乱成一团糟。

鬼子指挥官看到阵脚被打乱，气急败坏地挥着手中的指挥刀，哇哇直叫。他误以为李林他们是突围的主要部队，便慌忙调集南、北山上的日伪军向东增援，企图压住李林他们的冲杀。

鬼子终于上当了！

这时，姜胜正指挥机关和训练班的大部队沿着大沟南岔，翻过南山突围。南山上少数留守的日伪军，不堪一击，四散逃命，姜胜也不追击，只管带着机关、训练班人员直向南冲去。

日军指挥官发觉上当，可是已经晚了，姜胜带着大部队早已走远了。他气得咬牙切齿，急忙调拨兵马，死死咬住李林他们不放。敌人从沟两面的坡上扑下来，疯狂地向李林他们包抄过去。

经过激烈的战斗，战士们伤亡很大。李林望着剩下的战士，心情很沉重。但她听着村南逐渐沉寂的枪声，脸上又露出欣慰的笑容，她说：

"同志们，敌人已把我们团团围住。我们活着是战士，死，也要像战士一样去死，决不能玷污抗日战士这个光荣的称号。"

同志们没有说话，但脸上那庄严的表情似乎在宣誓：放心吧，我们决不做懦夫！

李林亲切地看了看身边的通讯员二和子，对他说："你还小，敌人不会注意你。快沿着这条沟走吧。只要碰见老乡，他们会掩护你。"

△ 山西省朔州（李林就牺牲在这块热土上）

"不，我死也不离开你！"14岁的小通讯员泪流满面地说。

"别说傻话。"李林取下身上的文件包，塞进岩缝里，用土埋严。"记住，等战斗结束，把它取出来，亲手交给地委。"

二和子默默地点点头。

李林又从上衣口袋里取出一支钢笔，默默地递给二和子。

李林擦掉二和子的眼泪，最后嘱咐他："快去吧，努力为革命工作。"

二和子点点头，把笔插在贴身的衣服口袋里，泪眼望着李林和大家，不忍离去。他心里很清楚：他再也不能听到李主任的亲切教导，不可能再和她一起驰骋战场杀敌了。在李林的催促下，他恋恋不舍地离开了。

看着二和子逐渐消失在深沟里，李林对剩余的战士们说："整理一下武器，分散突围。"

敌人上来了! 战士们猛然跃起，挥刀举枪冲入敌群，经过一阵厮杀，终于杀开一条血路。

突然，沟前土崖上又射来密集的子弹。李林急速向战士们喊道："你们朝北上山，我们三个上东梁掩护你们。"

"不，我们不能离开你!"

"这是命令!"不容战士们分说，只见李林和两个战士跃马冲向东梁。霎时，敌人的火力转向李林，李林被战火硝烟包围了……战士们只好离开他们敬爱的无私而又勇敢的指挥员，从北山上突出去。

在冲杀中，李林的菊花青不幸中弹，一头栽倒，把李林摔出老远。

李林身边仅有两个战士了，而且他们都负伤多处，战马也被打死了。他们三个人紧紧战斗在一起，依托着古庙的断壁残垣，向敌人顽强反击。

敌人端着刺刀从四周围上来，不断喊着"抓活的!"

两个战友先后牺牲了。

李林的右腿也被敌人的子弹射中，血从马裤里渗出来，顺着裤管滴滴答答地流淌，她看都不看，双眼只盯着敌人，她要尽量地多杀鬼子。

敌人的子弹呼呼地向她射来，又一颗子弹，打中了李林的前胸，接着她又连中了三弹。

我们的女英雄实在撑不住了，栽倒在地上。

"抓活的！"

"快投降吧！"

敌人狂叫着，扑向李林。

忽地，李林又顽强地坐起来，靠着土墙，抬起负伤的胳膊，向敌人射击。枪响了，又一个鬼子一命呜呼了。

敌人被这个打不死的女共党镇住了，他们趴在地上，不敢靠前。

没有子弹了，李林迅速地拆散了心爱的驳壳枪，把零件扔到周围的草丛里，然后，从腰间抽出那支小八音手枪，拉开枪栓，那里面仅有一颗子弹。

她想站起来，可伤得太重，没办法站起来，她抬头望着壮丽的群山，望着同志们撤退的方向，脸上浮出了胜利的微笑。

她再次拼尽全身力气，摇摇晃晃地站了起来。

李林蔑视地扫了敌人一眼，将小八音手枪对准了自己的喉部。

1940 年 4 月 26 日，年仅 24 岁的李林同志，为了党，为了人民，为了民族的解放事业，壮烈捐躯。

李林用鲜血捍卫了一个人民战士的荣誉，用她年轻的生命证明了对党的无限忠诚。

→ 缅怀英雄

★★★★★

李林牺牲的当天夜里，刘华香同志率领一支短小精悍的队伍，趁夜色钻入敌人包围圈，经小郭家窑村老乡的指引，在阴凉山山顶小庙下的坡地上找到了烈士的遗体。

战士们轻轻地抬起烈士的遗体，向村里走去，他们抬得那么小心，生怕惊动了长眠的烈士。

老乡们挑来清水，擦洗了烈士的遗体，用珍藏的白粗布包裹了烈士的身躯，盖棺入殓。为了保护烈士的遗体，把棺木藏在了一位老乡的窑洞里，外面用石块遮严。

人们在夜色中悄悄做着这一切，他们压抑着内心巨大的悲痛，却不能放声。只能任泪水默默地流。敌人还在施虐，革命还要继续，一个李林倒下去了，千千万万个李林会站起来。

最后，刘华香再次查看了存放烈士棺木的土窑，小心地包裹好烈士的血衣，带着队伍告别小郭家窑村，又乘夜色离去。

半个月后，胜利归来的同志们把李林的遗体安放在西石湖村外的高山脚下。成排的战士，把枪口举向空中，鸣枪向烈士致敬。

地委、专署、抗联联合为李林烈士举行了隆重的追悼大会。

追悼会上，几千人静立烈士墓前，悼念他们敬爱的李林烈士。很多人痛哭不已。

墓前的白色条石上，垒放着一堆碗大的馍，一把麦子，表达乡亲们对李林的怀念。

鲁妈妈和小牛子来了，她赶了20里的山路，来送自己的"闺女"，微风吹乱了她花白的头发，一行行热泪从妈妈悲伤的脸庞流下。她把小牛子拉到身前："林子，小牛子来接你的事了，踏着你的道儿走，你就放心合眼吧。"老人哽咽了，停了停，又接着说：

"好闺女，等胜利那一天，娘来看你啊，不会叫你
白等……"

　　杜老汉也赶来了，他用李林送给他的瓷缸子，
盛满了山泉水，轻轻地洒在烈士的墓前。

　　通讯员二和子手拿李林送给他的钢笔走到墓

△ 抗日女英雄李林烈士陵园

前。他没有哭，如果李林活着，一定不愿意看见他哭泣的样子，他在心里暗下誓言：要为大姐报仇，要用烈火和刀枪，来告慰他敬爱的大姐和首长。

……

会上，宣读了中共中央妇委从延安发来的唁电：

二十余岁之青年李林同志自一九三七年夏起，即在前方英勇杀敌，不仅是我们女共产党员的光辉模范，而且是全国同胞所敬爱的女英雄。今竟英年战死，实我中华民族——特别是我国妇女界一严重损失，中共中央妇委对死者表示沉痛哀悼。

唁电接着说：

特此号召全体共产党员同志和全国妇女同胞更加奋起抗敌，为完成李林同志的未竟事业而奋斗，为李林同志及一切抗敌殉国的烈士们复仇而奋斗！

党中央在国民党统治区重庆出版的《新华日报》发表了《巾帼英雄李林壮烈殉国，女战士十余人等光荣牺牲》的消息，消息中报道：

本年四月二十六日，敌兵万余，对我晋绥边区实行第九次围攻，我军××游击支队，秘书主任李林，当率队冲出重围，在郭家窑与敌军展开激战，李氏率队奋勇与敌肉搏，不幸遭敌伏击，但犹镇静指挥，手刃数敌，以众寡悬殊，李氏之杀敌殉国，悲壮伟烈，堪称为巾帼英雄也。

此外，中共中央机关报延安《新中华报》，中共晋西北地区党委机关报《新西北报》，以及《中国妇女》纷纷发表通讯，表达对烈士最崇高的敬意和最真挚的怀念。

烈士的血衣，经过辗转艰辛，送到了延安。延安也为烈士召开了追悼会。那斑斑的血衣，激励着人们去完成英雄未竟的事业。

全国解放后，党中央于1951年派出老区访问团分赴雁北山区，所到之处，人们都在怀念着李林。在洪涛山下东侧水头村李林曾住过的房东老太太流着眼泪说："你们回来了。李委员，我们见不到了。"

1952年，雁北平鲁县将东石胡群众保护下来的李林的遗骨和其他烈士的遗骨，一同移到平鲁县党政机关所在地井坪所建的烈士陵园内，每年清明节都举行仪式悼念烈士英灵。

上海爱国中学和厦门集美学校也为这位著名的抗日女英雄修建了烈士陵园和纪念馆。

1973年，周恩来总理陪同法国总理蓬皮杜到大同访问时，委托邓大姐告诉雁北地委："要多宣传李林，要写李林的传记。"

1979年8月，由樊云芳、周浙平撰写的《民族女英雄李林》出版了。以后又相继出版了《李林连环画》、《巾帼英雄李林》以及舒志超撰写的《南侨女杰》。雁北电视台和山西电视台还在1985年合拍了12集电视连续剧，在山西电视台和中央电视台先后播放。

1985年4月26日，是李林光荣牺牲45周年纪念日。全国侨联和山西省委共同举办了隆重的纪念归侨民族女英雄李林45

△ 厦门烈士纪念园里的李林塑像

周年纪念活动。中央顾问委员会常务副主任薄一波同志为纪念李林题了词："中华民族的优秀儿女，共产党员的光辉模范。"《人民日报》还发表了刘亚雄、牛荫寇、屈健撰写的《缅怀归侨抗日女英雄李林烈士》的文章。

2005年9月，山西省侨联组织各市侨联以及部分省侨联委员、省侨联青年委员会委员、归侨侨眷、侨联机关干部等侨界人士专程前往抗日民族女英雄、归侨李林烈士牺牲地，首批中国侨联爱国主义教育基地——平鲁李林烈士陵园，参加由朔州市平鲁区区委、区政府联合举办的抗战胜利 60 周年系列纪念活动。

山西平鲁在《重修李林碑文》中给予她极高的评价："李林同志是中华民族的优秀女儿，中国共产党的模范党员，在她革命的一生中，骁勇善战，建功卓著，与人民血肉相连，亲如手足，对祖国无限热爱，赤胆忠心，为革命坚贞不屈，鞠躬尽瘁。"

李林的英雄形象，将永远留在亿万人民的心间。

后 记

一样的青春，不一样的人生

24岁，是人生最灿烂的季节！

24岁，是人生最有魅力的时期！

24岁，是人生最有朝气的年纪！

无论是在战争年代还是和平时期，青春都意味着理想、热情、活力，具有最勇敢的奋斗精神。

在那个特定的年代，爱国华侨李林，年轻坚定的李林，义无反顾地选择了做一个勇敢战士。为了理想，她毫不犹豫放弃了个人的舒适；为了革命，她从一个可以过安逸日子的侨商女儿变成了一个赤脚游击队长。

为了民族的解放，为了新中国的成立，她献出了自己的青春。

这一切，都源于她对祖国深沉的爱，对侵略者无比的憎恨。

她让自己的青春在刀光剑影中，在血与火的洗礼中完成了生命的洗礼。

虽然那战火纷飞的年代一去不复返了，现在的年轻人过着和平美好的生活，但是我们仍然要继续学习先烈的优秀品质，努力去建设我们美好的家园。我们这一代的年轻人，也要像李林一样带着美好理想，怀着为祖国为人民奉献的精神，去努力奋斗！

同样的青春，要拥有一个不一样的人生！

我们要学习她那种高度的爱国精神，学习她那种无私奉献的精神，学习她那种在工作上努力进取、兢兢业业的精神。